文库

丛书主编 郑毅

吉林乡土志

陈见微 点校

吉林文史出版社

《长白文库》总序

  中华优秀传统文化是中华民族的"根"和"魂"，习近平总书记高度重视中华优秀传统文化，并将其作为治国理政的重要思想文化资源。"不忘本来才能开辟未来，善于继承才能更好创新。""优秀传统文化是一个国家、一个民族传承和发展的根本，如果丢掉了，就割断了精神命脉。"中华优秀传统文化具有多样性和地域性等特征，东北地域文化是多元一体的中华文化中的重要组成部分。吉林省地处东北地区中部，是中华民族世代生存融合的重要地区，素有"白山松水"之美誉，肃慎、扶余、东胡、高句丽、契丹、女真、汉族、满族、蒙古族等诸多族群自古繁衍生息于此，创造出多种极具地域特征的绚烂多姿的地方文化。为了"弘扬地方文化，开发乡邦文献"，自20世纪80年代起，原吉林师范学院李澍田先生积极响应陈云同志倡导古籍整理的号召，应东北地区方志编修之急，服务于东北地方史研究的热潮，遍访国内百余家图书馆寻书求籍，审慎筛选具有代表性的著述文典300余种，编撰校订出版以《长白丛书》(以下简称《丛书》)为名的大型东北地方文献丛书，迄今已近40载。历经李澍田先生、刁书仁和郑毅两位教授三任丛书主编，数十位古籍所前辈和同人青灯黄卷、兀兀穷年，诸多省内外专家学者的鼎力支持，《丛书》迄今已共计整理出版了110部5000余万字。《丛书》以"长白"为名，"在清代中叶以来，吉林省疆域迭有变迁，而长白山钟灵毓秀，蔚然耸立，为吉林名山，从历史上看，不咸山于《山海经·大荒北经》中也有明确记录，把长白山当作吉林的象征，这是合情合理的。"(《长白丛书》初版陈连庆先生序)

  1983年吉林师范学院古籍研究所(室)成立，作为吉林省古籍整理与研究协作组常设机构和丛书的编务机构，李澍田先生出任所长。全国高校古籍整理工作委员会、吉林省教委和省财政厅都给予了该项目一定的支持。李澍田先生是《丛书》的创始人，他的学术生涯就是《丛书》的创业史。《丛书》能够在国内外学界有如此大的影响力，与李澍田先生的敬业精神和艰辛努力是分不开的。《丛书》创办之始，李澍田先生"邀集吉、长各地的中青年同志，乃至吉林的一些老同志，群策群力，分工合作"(初版陈序)，寻访底本，夙兴夜寐逐字校勘，联络印刷单位、寻找合作方，因经常有生僻古字，先生不得不亲自到车间与排版工人拼字铸模；吉林文史出版社于永玉先生作为《丛书》的第一任责编，殚精竭虑地付出了很多努力，为《丛书》的完成出版做出了突出贡献；原古籍所衣兴国等诸位前辈同人在辅助李澍田先生编印《丛书》的过程中，一道解决了遇到的诸多问题、排除了诸多困难，是《丛书》草创时期的重要参与者。《丛书》自20世纪80年代出版发行以来，经历了铅字排版印刷、激光照排印刷、数字化出版等多个时期，《丛书》本身也称得上是改革开放以来中国印刷史的见证。由于《丛书》不同卷册在出版发行的不同历史时期，投入的人力、财力受当时的条件所限，每一种图书的质量都不同程度留有遗憾，且印数多则千册、少则数百册，历经数十年的流布与交换，有些图书可谓一册难求。

1994年，李澍田先生年逾花甲，功成身退，由刁书仁教授继任《丛书》主编。刁书仁教授"萧规曹随"，延续了《丛书》的出版生命，在经费拮据、古籍整理热潮消退、社会关注度降低的情况下，多方呼吁，破解困局，使得《丛书》得以继续出版，文化品牌得以保存，其功不可没。1999年原吉林师范学院、吉林医学院、吉林林学院和吉林电气化高等专科学校合并组建为北华大学，首任校长于庚蒲教授力主保留古籍所作为北华大学处级建制科研单位，使得《丛书》的学术研究成果得以延续保存。依托北华大学古籍所发展形成的专门史学科被学校确定为四个重点建设学科之一，在东北边疆史地研究、东北民族史研究方面形成了北华大学的特色与优势。

2002年，刁书仁教授调至扬州大学工作，笔者当时正担任北华大学图书馆馆长，在北华大学的委托和古籍所同人的希冀下，本人兼任古籍所所长、《丛书》主编。在北华大学的鼎力支持下，为了适应新时期形势的发展，出于拓展古籍研究所研究领域、繁荣学术文化、有利于学术交流以及人才培养工作的实际需要，原古籍研究所改建为东亚历史与文献研究中心，在保持原古籍整理与研究的学术专长的同时，中心将学术研究的视野和交流渠道拓展至东亚地域范围。同时，为努力保持《丛书》的出版规模，我们以出文献精品、重学术研究成果为工作方针，确保《丛书》学术研究成果的传承与延续。

在全方位、深层次挖掘和研究的基础上，整套《丛书》整理与研究成果斐然。《丛书》分为文献整理与东亚文化研究两大系列，内容包括史料、方志、档案、人物、诗词、满学、农学、边疆、民俗、金石、地理、专题论集12个子系列。《丛书》问世后得到学术界和出版界的好评，《丛书》初集中的《吉林通志》于1987年荣获全国古籍出版奖，三集中的《东三省政略》于1992年获国家新闻出版总署全国古籍整理图书奖，是当年全国地方文献中唯一获奖的图书。同年，在吉林省第二届社会科学成果评奖中，全套丛书获优秀成果二等奖，并被国家新闻出版总署列为"八五"计划重点图书。1995年《中国东北通史》获吉林省第三届社会科学优秀成果二等奖。2005年，《同文汇考中朝史料》获北方十五省（市、区）哲学社会科学优秀图书奖。

《丛书》的出版在社会各界引起很大反响，与当时广东出现的以岭南文献为主的《岭南丛书》并称国内两大地方文献丛书，有"北有长白，南有岭南"之誉。吉林大学金景芳教授认为"编辑《长白丛书》的贡献很大，从《辽海丛书》到《长白丛书》都证明东北并非没有文化"。著名明史学者、东北师范大学李洵教授认为："《长白丛书》把现在已经很难得的东西整理出来，说明东北文化有很高的水准，所以丛书的意义不只在于出了几本书，更在于开发了东北的文化，这是很有意义的，现在不能再说东北没有文化了。"美国学者杜赞奇认为"以往有关东北方面的材料，利用日文资料很多。而现在中文的《长白丛书》则很有利于提高中国东北史的研究"（《长白丛书》出版十周年纪念会上的发言）。中国社会科学院边疆史地研究中心主任厉声研究员认为："《长白丛书》已经成为一个品牌，与西北研究同列全国之首。"（1999年12月在《长白丛书》工作规划会议上的发言）目前，《长白丛书》已被收藏于日本、俄罗斯、美国、德国、英国、加拿大、澳大利亚、韩国及东南亚各国多所学府和研究机构，并深受海内外史学研究者的关注。

为了更好地传承和弘扬优秀地域文化，再现《丛书》在"面向吉林，服务桑梓"方面的传统与特色，2010年前后，我与时任吉林文史出版社社长的徐潜先生就曾多次动议启动出版《长白丛书精品集》，并做了相应的前期准备工作，后因出版资助经费落实有困难而一再拖延。2020年，以十年前的动议与前期工作为基础，在吉林省省级文化发展专项资金的资助下，北华大学东亚历史与文献研究中心与吉林文史出版社共同议定以《长白丛书》为文献基础，从《丛书》已出版的图书中优选数十种具有代表性的文献图书和研究著述合编为《长白文库》加以出版。

《长白文库》是在新的历史发展时期对《长白丛书》的一种文化传承和创新，《长白丛书》仍将以推出地方文化精华和学术研究精品为目标，延续东北地域文化的文脉。

《长白文库》以《长白丛书》刊印40年来广受社会各界关注的地方文化图书为入选标准，第一期选择约30部反映吉林地域传统文化精华的图书，充分展现白山松水孕育的地域传统文化之风貌，为当代传统文化传承提供丰厚的文化滋养，是一件功在当代、利在千秋的文化盛举。

盛世兴文，文以载道。保存和延续优秀传统文化的文脉，是人文社会科学研究者的社会责任和学术使命，《长白丛书》在创立之时，就得到省内外多所高校诸多学界前辈的关注和提携，"开发乡邦文献，弘扬地方文化"成为20世纪80年代一批志同道合的老一辈学者的共同奋斗目标，没有他们当初的默默耕耘和艰辛努力，就没有今天《长白丛书》这样一个存续40年的地方文化品牌的荣耀。"独行快，众行远"，这次在组建《长白文库》编委会的过程中，受邀的各位学者都表达了对这项工作的肯定和支持，慨然应允出任编委会委员，并对《长白文库》的编辑工作提出了诸多真知灼见，这是学界同道对《丛书》多年情感的流露，也是对即将问世的《长白文库》的期许。

感谢原吉林师范学院、现北华大学40年来对《丛书》的投入与支持，感谢吉林文史出版社历届领导的精诚合作，感谢学界同人对《丛书》的关心与帮助！

郑　毅

谨序于北华大学东亚历史与文献研究中心

2020 年 7 月 1 日

目 录

点校前言

《吉林乡土志》(原名《吉林省乡土志》),伪满吉林省公署民生厅编,据《中国地方志联合目录》著录,系吉林市图书馆馆藏孤本。

本书记叙了当时吉林省所辖十七县一旗一市之乡土事迹,来自地方,采自民间,充满了浓厚的乡土气息。

据凡例:"是编计分乡土地名之由来、乡土传说之神话、乡先贤轶闻遗事、民谣、乡土关系文献及地方名著、特殊风俗习惯及迷信、地方民族变迁之原因,七类。"总之,以民俗口碑为主,上自沿革,下迄地方人物,旁及民族风情,乡邦文化,无不囊括其中,从而使我们了解到当时社会的一般状况,是研究吉林省历史难得的乡土教材。

本书具有一定的史学价值,其中一些史料为正史所无,可补正史之阙略。同时本书为许多名不见经传,但却有益于乡邦开发、热心于文化教育、致力于公共事业的人立传,弥足珍贵。

吉林省是个民族杂居地区,历史上曾是满族的故乡,本书介绍了许多特殊的民族风俗及其成因,同时也记录了一些愚昧迷信的行为。

民谣部分保留了一些十分有价值的农谚、天气谚语。乡土地名虽多系传说,却是了解清初封禁及道、咸弛禁以及省内开发所不可多得的材料。

本书篇幅短小精悍,条理清楚,颇便阅读。

本书内容虽然丰富,但也十分芜杂。一些内容采自传说,作者也注明"据说""传说"等字样,虽记得颇似有板有眼,时间地点人物俱全,但可信者少,多属荒诞不经,也存在一些明显的史实错误。全书还用了很大篇幅宣扬忠臣孝子、烈女节妇等封建糟粕。本书出于伪满初年,染有一定的殖民色彩。还存在观点反动、为当权者树碑立传、污蔑农民起义等内容。且全书缺细目,颇不便翻检。

本书系伪满"康德六年"的铅印本，原有句断，但错讹较多。此次重新标点，应删的字用（　）号括上，应添的字用〔　〕号括上，并附有校记。

本书由吉林师范学院古籍研究所所长李澍田副教授主点，陈见微初点，夏寅生复校。由于水平有限，定有很多错误，望读者批评指正。

凡　例

一、是编刊印本省管下之乡土资料，以资考证研究。

一、是编计分乡土地名之由来、乡土传说之神话、乡先贤轶闻遗事、民谣（俚语）乡土关系文献及地方名著、特殊风俗习惯及迷信、地方民族变迁之原因，共七类。

一、是编为"康德六年"所调查者，故区域均仍其旧。

一、是编限于时间、空间，舛误遗漏之处颇多，深望国内乡土教育家加以批评纠正。

一、是编先行付刊，将来详细调查再为续编。

一、乡土地名之由来

吉 林 市

吉 林 市

本市原名吉林市公所。"大同"元年，改称吉林市政筹备处。"康德"四年四月一日，改称吉林市公署，即今名。吉林市设吉林省城，公署当松花江北岸，西接省公署，为省署公廨旧址。其行政区域：东至军械厂极东，西至后新街极西，南至温德河子北岸，北至玄天岭南麓。广七·〇八里，袤四·九〇里。全市分为五大区，三十三町。现今市署，已迁于旧"领事馆"处，并将永吉县之大屯等屯划入之，其管辖区域，较前又扩大矣。

吉 林 城

吉林城旧名船厂，清顺治十八年设置，遣昂邦章京萨儿吴代造船，以备征俄，船厂之名以此，又名小吴喇今之乌拉街名大吴喇。又名永吉州，即吉林最初之地方行政区域。治设吉林城西，又故以名省会也。康熙十一年，始临江筑城。三面竖松木为墙，高八尺，门三，周围有池，池有土墙为边，周七里一百八十步。康熙十五年，移宁古塔将军镇之。同治六年，将军富明阿重修，改叉垛土墙，增门五，合旧为八，即今八门也两新开门不在内。光绪九年，将军希元改修砖墙，加筑垛口，高一丈二尺余，池深一丈。南端江堤，原为土筑，同治六年，改建木栅，合周围城墙，共计十四里二百五十八步。当时各街道路，悉用方木铺成。今则城市犹昔，而门墙街道，或修或废，举改旧观矣。

欢 喜 岭

市西约八里，有一岭，势甚缓，为省城天然之外障。相传清高宗东巡，驻跸于此，向东顾笑，因而得名。岭上有庙宇及碑坊。

河　南　街

昔年，于牛马行街有河一道，此街位于该河之南，故名。

永　吉　县

县属一区　乌拉街

乌拉街位于县境北部，松花江东岸，距县七十里。明永乐时，号"乌拉卫"。明末，属扈伦四部之乌拉部。至万历朝，并归满洲。清初始划定街区，派兵驻守，故设治较吉林省城尤早。近郊有辽、金时代所筑土城、土台各一座。是其土地之开辟，当远在千年以上。至地名为乌拉云者，乃满语大川之意。今虽住户日增，铺商林立，而名称则仍其旧焉。

县属三区　桦皮厂

为县属三区大镇，地当京图路车站，交通便利，商业繁盛。前清初年，满人重骑射，习弓箭，曾于此地辟设箭场，招致工人，制造弓箭及马鞍等。而所需材料，多为桦皮，故号曰"桦皮厂"。此土人之传称也，是否属实，殊无文献可考。或谓该镇当年盛产桦树皮，设厂存储，用备供品，故名。

县属四区　天岗村

原名额赫穆村满语译音,意义不详。而天岗之名，则始自"康德"元年。当时，因吉林铁路局鉴于额赫穆之名称与额穆县音声相混，于事务上时生错误，更兼该地接近天岗山俗称老虎砬子，遂将"额赫穆站"改为"天岗山站"，"额赫穆村"亦即同时改为"天岗村"。但天岗山命名之由来，土人多不详悉，只以该山昔年多藏老虎，故群呼之曰"老虎砬子"。近因车站改称后，始各以"天岗"相呼。推测"天岗"二字，或因山形，峭壁高耸，山顶更时见乌云弥漫，上与天齐，遂有是称也。

县属四区　三家屯子

相传在清初时代，原系荒野森林。于康熙年间，有挖棒槌即人参者三人在该地放山。觅人参后，复在该处垦荒种地，并各成室，而居于此处，故名。

县属四区　大小茶棚

原名二道岭子。因清代康熙年间，有宁古塔副都统赫某进京引见，道过该处息马、饮茶,并在该处赐银修庙。土人为留纪念,遂将二道岭子改名曰"大茶棚",三道岭子改名曰"小茶棚"。

县属六区 双河镇

双河镇南邻磐石,北接吉林省城,东近桦甸,西靠双阳,四周群山环抱,中间形成盆地。东有倒木河,西有西大河,二川相抱,交会于镇北。自清同治初年,始有人来此领荒开垦。其后住户日益稠密,商贾云集,乃成村落。因此命名为双河镇。

县属七区 口前

口前东北有二山,东西相对如门,而口前适居其前。又街前有陡山两座相峙,如天造地设,扼要隘口,因名口前。又传清代乾隆皇帝曾莅此地,询民疾苦。土人以御口当前问话,荣耀万分,留为纪念,因以名其地云。

县属七区 奶子街

相传清代乾隆皇帝巡狩关东时,曾至此地,并在此奶皇太子,屯人为纪念皇帝驻足其地,故名。

县属七区 土城子

据云,清乾隆皇帝巡狩吉林,曾至该地野营,搭幕住宿。当时为保卫圣驾安全计,临时由扈从兵役及当地居民,共筑土城一座。现在城址依然可辨,故名。

县属五区 岔路河镇

岔路河镇,为县属西南大镇。地势平坦,有大河一道,名曰岔路河。自南方百里双阳县境,分岔为二,其一东南流,横贯本街,将街划为河东、河西两部,复西北流入饮马河。土人因取河名以名其镇。镇为新京、吉林交通之中枢,土质肥沃。清初,与吉林同时开辟。今则住户日增,成为本县富庶之区矣。

县属三区 太平村

太平村原名段家屯,以段姓为座山户,故名。迨至宣统元年三月间,振贝子由京来吉阅边,行至段家屯,设行辕于屯内。当时以该屯之名称不吉,遂改为太平村,盖取天下太平之意也。

县属一区 二龙山

二龙山山形蜿蜒,如二龙头相对,中有白石如珠,成二龙戏珠之形,故名。

县属三区　孤店子

孤店子为京图路站之一。当初原系荒甸，并无居民。自清末吉长路开工时，有商人在该地建筑草房数间，开设旅店，以寓往来客商。当时附近除此店外，别无人家，故名之曰孤店子。

县属三区　二台子

屯距县北五十余里，东有土台子一座，形若大墓，台上古榆已将百年。相传此台为明代燕王所修筑，名为狼烟台，又名烽火台。所以备国家有紧急事故时，在台上燃烧狼粪，使之发烟，虽遇风天，而烟势矗立向上，绝不四散，以故远近将士，均得见之，群来敬聆使命。台有多处，此为第二，至今犹存故址，因以名其屯。他如头台子、三台子、四台子各屯，其命名之意，皆与此同。

县属四区　江蜜峰

江蜜峰为京图路站。相传此地曾有江姓养蜂于此，故名。后因年代久远，误将"蜜蜂"二字，书为"蜜峰"，沿用至今，习而不察，遂失当初命名之真意矣。

县属四区　夏大汉子沟

夏大汉子沟，清初时，此地夏姓生一长大男儿，身高丈余，腰围数尺，头甚小因幼时被母打击所致，日食斗米。其后，事闻于朝。皇帝欲验其有识否，赠银十两，令其买靴。终无适足者，竟不知先定做之。皇帝知其无识，遂不顾。迨其死后，复葬于该处，其坟犹存，故名。

县属一区　金珠站

相传清之中叶，在该地时有二黄猪，昼伏夜出。有人用锄将一猪头削下，从此二猪俱没。后经官设驿站于该地，将金猪屯改为金珠站焉。

县属二区　莲花泡

莲花泡屯，位居陈家屯东北里许，有眉月形水泡，内生莲花，每年花放，极可赏观。后人多羡其景色之美丽，遂相率建庐而居，集户成屯，故名。

县属八区　旺起屯

旺起屯，距县二十余里。于清初时，有名汪起者，家道殷实，人口众多，先来此地，开垦居住，渐成村落。外人以其地为汪起所居，遂呼之曰汪起屯，所谓地以人传是也。后因"汪""旺"语音相混，遂误书"汪"为"旺"，以迄现在，遂成今名。

县属五区　双桥子屯

双桥子屯内有河一条，地形甚低平。每当夏令，阴雨连绵，河水大涨，泛滥四野，行人苦之。乃设双石桥四座，以利交通，因以得名。

县属六区　长岗岭屯

长岗岭屯，位于长岗岭之南，山石高耸，环抱屯之北部，奉吉线适经其间。因于该岭凿洞以通之，其洞名曰长岗岭洞，屯之得名，即本于此。

县属三区　南北口钦

口钦位于县境北部，更当牤牛河流域，折入松花江之口，地多平坦。清初招佃开垦，住户日繁，相聚成屯。在南者曰南口钦，在北者曰北口钦，盖就其地形以为之名。沿至现今，仍用旧称。

县属三区　江南巴虎屯及新立屯

江南巴虎屯，原名巴尔虎屯。其初命名之意，无从探索，似满语译音。并以该屯位于松花江南岸，遂又名为江南巴尔虎屯。与孤铺子巴虎屯、车站巴虎屯之命名，大致相同。

巴尔虎屯南，在数十年前，均属旷野、熟田。至民国初年，山东贫农多来此处租地耕种，并建屋自居，渐成为村。当时以该屯系属新立，特名之曰新立屯。

县属五区　陡咀子

陡咀子屯，在县境西南一拉溪村界内。该地群山连亘，中间突出，巨砬耸然高立，形成陡势，因以名其屯。

县属七区　官地屯

清初时代，该屯北端有良田数垧，名曰官庄子地，后更简称曰官地。此屯名之由来也。

县属五区　蒐登站

蒐登站系前清初年之驿站，置有站丁，专为传递文书之用。积年既久，住户渐多，遂成村落，故名曰蒐登站屯。但"蒐登"二字莫明其义，想系满语之译音。他若伊勒们站、金珠站、五家站、密什哈站等意，均同此。

县属二区　铜匠沟

铜匠沟在清初时，原系山沟荒野。嗣有解姓铜匠，首先来至该地开垦。

人烟渐密，户口日多。因名其地曰铜匠沟。

县属三区　漂洋屯

该地有海浪河横贯其间，下流二十余里，注入松花江。河之两岸，当初多系天然森林，每逢夏季，制木业者多来此伐木，并利用河水，将木材单根漂流至松花江口，再穿成木排，运至省城。故名其屯曰漂洋屯。年久音转，又曰漂尔屯。

县属一区　缸窑

缸窑在永吉县北部。清雍正时，以该地土质可做陶器，故曾设陶厂。而厂内尤以制造大缸为著名产品，因名其地曰缸窑，迄今仍之。而住民更多以制陶为业，生活赖以充裕。

县属三区　大荒地

本县大荒地之名称有二，一在乌拉街西北，一在五区蒐登站正西。当前清初年，皆系荒凉旷野，开垦较晚，故有大荒地之称。近则住户渐多，地利尽辟。而三区之大荒地，更为各方往来必经之地，现在隶属于兴隆村，并设有国民学校一处，居民多系汉族，并皆业农。

县属三区　河湾子

河湾子，地滨鸭通河。河发源于县北九十余里之马虎头山，直向南流，至河湾子地带，折而东流，成一（湾）〔弯〕形，故名其地曰河湾子。

县属二区　巴尔虎屯

据屯人传称，其屯名之由来，系因前清嘉庆二年春间，云南大旱，朝中派满族大员名巴尔虎者载粮前往放赈，中途过江，适遇暴风雨，将粮船吹沉三只，因此获罪，发配吉林。彼抵吉林后，竟于该屯落户为农，子孙日繁。当时土人以该屯系属巴尔虎之住在地，遂以名其屯云。

县属二区　红旗屯

清初，为统治满洲民族，别为八旗，红旗乃其中之一。嗣以各旗民族户口日繁，乃令各旗分地居住，各成村落，并令任意占地开垦，以广生产。其各族所居之屯，即以该旗名称呼之。红旗屯，乃红旗民族所居之屯，故相沿至今，仍呼之曰红旗屯。其他黄旗屯、蓝旗屯之命名，亦均同此。

县属五区　老虎洞山

岔路河东南十五里，有山名曰老虎洞山，山势嵯峨，怪石林立。东面山腰，有黑石露出，峭立如壁。仰望石隙错杂，悬石若坠，见而生畏。石中有深凹处，成一洞形，洞口宽可丈许。沿山洞向内行去，高低不等，小树与杂石丛聚，攀树登石，可升而上之。但内多栖山鸽，人入其中，则鸽惊鸣，张冀而飞，以致四处扬尘，目为之迷，难再前行，故莫测其究竟。据土人云：昔日山林稠密，人烟稀少，此山人迹罕到，曾有二虎同栖洞内，因以名之。今则虎已绝踪，只存其洞矣。

县属四区　娘娘庙岭

县境江东，南沙河子屯西岭上，有娘娘庙，故名娘娘庙岭。该岭上有白矿石矿区，周围十余里许，深有数丈。有吉昌石业公司，于"康德"五年六月十三日，在该岭用人工开采，地下皆白矿石，全山并无杂质。若能用机器开采，用作大米粉等，益国便民，更无论矣。

县属五区　星星哨

星星哨，在本县岔路河河流之中部，为往来渡河之哨口。地当中流，故水行甚急，奔驰直下，溅石作响，声达远方。缘哨口所在，有巨石焉，高约七尺，长丈许。土人相传该石乃一流星所化，年月已不可考。后人因纪念其事，遂名其地曰星星哨。

县属七区　鸦雀沟

鸦雀沟，在永吉县西南，距县城九十里。该地西面一带，成一大沟，四周古树丛生，人迹罕到，故鸦雀甚多。筑巢生卵，朝夕噪啼，声彻遐迩。土人因名其地曰鸦雀沟。

蛟　河　县

搭　拉　站

永乐五年置。旧讹答剌，即今老搭拉站，在旧县城东八里。

退　抟　站

原名推屯站，永乐六年置。以部人伯辰等为指挥，旧讹秃都。今张广才岭西距旧县城额穆索西北百十里，即此推屯站，今改为退抟站矣。

奶子山

该山在蛟河东南，双峰出地，其形如乳，故名奶子山。

敦 化 县

敦化街　敖东城

敖东城，位于县城东二里许，相传系渤海国震东王大（卓）〔祚〕荣氏之建国发祥地。后迁都东京城，建渤海国。此地因居民与国同迁，故遗物甚鲜。清时满洲语名"阿克敦"城，至今遂转称为"敖东城"矣。

敦化街　毛子营

日俄战时，俄军曾于此处设营，并掘有战壕，故土语曰毛子营。

维新村　香水河子

香水河子，原名"响水河子"，因河水流有响声，故名。其后，于光绪年间，有姜姓者，于该处藉河水之力，置水磨一盘，制造线香，故改名为"香水河子"。

维新村　狐仙堂

狐仙堂，原名因窖鹿而名曰北窖门子。于民国年间，有独立营黎排长在该处驻防，兵士于德胜晚间在室外守望，见一类似白犬之物眠于该处，用脚踢之而未醒，以枪击之，只见一溜火光飞去。其后该兵士得邪病，百医无效。后经巫医跳神，始看出其病原因，为白狐作祟。后由该排长在窖门子地方修祠堂一座，每月焚香，于是该兵士病得痊愈。因此而改名曰狐仙堂。至今该堂仍巍巍存在，香火无时或熄也。

维新村　小奔楼头屯

小奔楼头村，其西北隔河有一山，名曰小奔楼头山，因山势大似奔楼，故该地乃名为小奔楼头屯。

威虎岭村　威虎岭

威虎岭，于昔时，乃人迹罕到之地，老树参天，扬首不见天日。至冬令时，始有赴吉林之大车数辆，行至岭顶，偶有猛虎二头，在前阻路，经二日，未能通行。终至各车户焚香许愿，二虎始去。后因名为威虎岭。

黄泥河子

黄泥河子，位于正义村南侧。河流自西而东，水多含黄泥，浑不见底，故名黄泥河子。

大石头村　大桥

大桥在未通车以前，原为赴间岛之陆路。在屯东有小河，村人架木桥于其上，行人多以大桥呼之。日久，因名该地曰大桥。

大石头村　高丽帽子

高丽帽子，该地有山，山巅似帽形，故名。

太平村　黑顶子

黑顶子东南五十里许，有小山一座，于清末时，山巅有一片森林，每至夏日，枝叶茂盛，远望之，漆黑一片，上接云霄，故名黑顶子。

太平村　石桩子

相传该处昔时，有陈姓者十余户，自立一石碑，曰陈家屯。嗣后，其他渐次来此居住者，较陈姓多二三倍，并假彼等所立之石碑，而呼为石桩子。其碑至今犹存。

维新村　红石砬子

距红石砬子屯西北方约五满里，有一山，悬崖绝壁，红石屹立，故名。

维新村　四人班

四人班，相传于民国初年时，有鲁人四名来此伙居种地，故名。

桦　甸　县

转心湖　会全栈

会全栈，位于县属七区境内。五十年前，有刘德禄氏在此开店，名曰会全栈，故名。

放牛沟　姜红眼沟

姜红眼沟，位于桦甸县七区境内。约在四十年前，有姜姓在此沟居住多年，其眼边红色，故名。

县属四区　蘑菇园子

蘑菇园子，生有天然之大批各种蘑菇，故名。

棒（锤）〔槌〕园子

棒（锤）〔槌〕园子，自昔年有人在此经营栽培人参俗名棒（锤）〔槌〕，故名。

天平岭

天平岭，位于县城北方五十里，第三区界内。相传为清乾隆巡幸关东，路经该处，发饷与随员，故名为天平岭。

寿山沟子

寿山沟子，位于天平岭北十里，第三区界内。当清乾隆帝巡狩关东，至该地适值御诞辰，随员齐行拜寿。后因以寿山沟子名之。

磐　石　县

县属四区　茶尖岭

茶尖岭，系一山岭。传云:清时，乾隆帝拜祭发祥地之白山，曾经此处驻跸打尖。后世因以为名焉。

县属三区　石门子

该屯之东北隅，有大石两块，矗立如门，中有小河穿过，土人乃以石门子呼之，故该屯亦命此名矣。

县属三区　明水泡

该地有水泡一处，长约三里，宽约里许，其最深处丈余。相传昔年泡内有大鲤鱼一尾，曾被土人窥见，其身长逾丈，粗约二三尺。每于阴雨连绵时，该鱼在泡上竖立，遥望若船。后因民户迁住渐多，鱼乃他徙不见。该泡水远望之，其明如镜，故土人以之为名焉。

县属六区　吉昌镇

吉昌镇，原为集厂子，由清同治年间开辟。因当时人民杂居，对交易等事，并无正确场所，以每旬之二、五、八日，定该地为集市，以通其有无，故命名为集厂子。民国八年，以集厂子三字不雅，遂改为吉昌镇矣。

县属五区　耶稣教沟

耶稣教沟，因全屯住民十之四五为耶稣教徒，故该屯由此命名。

县属五区　三棚砬子

三棚砬子，在明清时代，汉族初来辟荒，见该山石分作三层，形成石棚，因以三棚砬子名之。迨至"康德"六年，村制实施，遂名该村为三（朋）〔棚〕砬村。

县属五区　仙人洞

于清光绪七年间，突由山之东南麓发现天然石洞一座，底深莫测，洞口纵横丈余。后人以迷信理想，似为古年仙人之居室，因以名之。

县属五区　草庙子

草庙子，于清光绪二十六年间，由开荒人作开荒之纪念，建筑关帝庙一座，上用草苫，故名草庙子。

伊　通　县

伊通街

伊通街，因位伊通河西岸，而得"伊通"二字之名。盖伊通在金时，名为"益褪"。明志称为"一秃河"，故"一秃"转音为"伊通"。又于"康德"五年春季，本县实行街村制，方得今名。

赫尔苏站

赫尔苏在晋、唐时代，为高句丽之南苏城。明代系叶赫部之赫尔苏城。清时设置驿站，故名。

火石岭子

火石岭子地名之由来，因街东有一岭，产火石，故名。

泉头

相传在清光绪二十八年，俄人建修"南满铁路"时，该处缺水，在路南寻有水泉一处，因此名曰泉头。

石虎子

石虎子，因屯内九圣祠门前有石虎子，故名。

叶赫站

叶赫站，为明代扈伦四部中叶赫部之都会，叶赫贝勒居此。及清代设置驿站，故名。

莲花街

相传在清时，街后有水泡一处，内生莲花极多，美丽可观，故名。

半拉山门

半拉山门，在清康熙二十年，始设置边门，专司二、八月挖边壕及插柳、结绳之事。满语称为布尔图库边门，其意亦为半拉山门。盖街北有山，山阳如刀斧劈削，巨石林立，形似一山分而为半，天生奇景，故称为半拉山。地当柳条边门，因名为半拉山门也。

大孤山

大孤山，因有山孤立，形势伟大，故名。

小孤山

小孤山，因有孤山耸立于低洼之地，形势较小，故名。

马鞍山

马鞍山，以其地有山横亘，巅有两峰，列为双嶂，形如马鞍，故名。

景家台

景家台，相传在清康熙二十年设置边台时，派遣景姓多人充当官差，看守条边，故名。

小孤山村　机房屯

机房屯，相传在清时，有人在此屯开设织布之营业，故名。

双　阳　县

双阳河

相传昔时，有山羊两条，每于日暮，即来此河饮水，饮后辄去，不知其处，故名曰"双阳河"。

泉眼村　马头台

马头台，为清代吉林省伊通边门防尉衙门所属。计九台，由第一台起，为头台。以马氏在清康熙元年，由直隶保定府安绪县迁民到此，故名曰马头台。

泉眼村　佛堂屯

清嘉庆十九年，有一游僧，姓名不祥，身携铜佛一尊，置于该地。后经王道人为之建庙一座，故名其屯曰佛堂屯。

傸家屯

王家村管境，有名傸家屯者。由清嘉庆元年，因荒野之开垦，自由移来山东人颇多。其后则呼聚日伙，各成家室，渐成村落，相传名为傸家屯。后经县长冯荫树公，履篆来双，因其字义俗而不雅，改名为跨家屯。现在有"傸""跨"兼用者。惟公事方面，俱用"跨"字，以别于同名者。然而日久年湮，则失其本真矣。

县属四区　石溪河子

相传为清代乾隆帝巡狩船厂今吉林市，行于大御路，经过此地。腰牌站之东，有河川以之分界，东界流通中个货制钱，西界流通小个货制钱。当地产石块，遂鸠工砌成石头桥，俗名石头河子，正名称石溪河子。

县属四区　茶棚庵

清代有某老夫妻二人，稍具薄资，籍山东，落居此地。适当由船厂吉林赴北京之大御路腰牌站地，该老遂出资，设茶棚，以营行旅饮茶解渴之业。时行人如鲫，因而生意日隆。傍植茶树一棵，采为饮料。复经乡人建庙一座于附近。后老者故去，称曰茶棚庵。

齐家村

相传两、三百年前，该屯地原无居人，后由关里迁来齐姓者居多，故当时命名为齐家屯，相沿迄今。

炮手屯

三百年之前，此地为一片荒郊，禽兽颇多。此时由关内各地人民自由移入，来此以打猎为生，故名为炮手屯。

广生号

初于开荒斩草之时，由关内移入有王姓者，在该处设一小铺，名为广生号。

嗣后，住民日渐增多，仍以广生号之名沿用至今。

双顶子

双顶子，因有二山排列，图形如馒头，而且大小相等，故名。

新安村　乌龙泉

此屯东部，昔有一泉眼，泉水流出甚急，恒有洪水泛滥之患。每于水涨之际，发现乌龙由泉内腾出之象，故名。详"青龙寺"

新安村　阚家店

阚家店，为吉林、沈阳间往来之要路。清代中叶，有阚姓者，在此开设过路宿店，故名。

新安村　西顺店

西顺店在阚家店之西，清中叶，有刘姓在此开设旅店。因由吉林往西通行，直达沈阳，路极顺便，故名。

太阳岭

太阳岭顶有庙一座，太阳初出，光射庙门，因之庙名为朝阳宫，岭亦因之名为太阳岭。

大酱缸

于清同治年间，放荒之时，有水泉一眼，色如黄浆，类似大酱即黄豆制作者，故名曰大酱缸。

东小石棚　西小石棚

此处因东西有两山，山石翘立如棚，故名为东小石棚、西小石棚。

二道湾村

二道湾村，其屯有西北、东南二道（湾）〔弯〕曲之河流，故名。

长山村　望景山

长山村之南十五里，有山名光顶山。其始树木丛杂，山之高大，上下五里，有尖峰。每年春秋被荒火燃烧，漏出岩石，起起落落，山形如火。近年树木柴草尽被居民砍伐，露出山形。至山尖用望远镜，可见新京南门，因而名曰望景山。此山有可考证者：晴天，山峰有云，不到日暮必雨。阴天，连日山峰起雾必晴。据村妇野老常谓："光顶山戴帽，不是晴天即下雨。"屡验不爽。

太阳沟屯

太阳沟屯，以该地每日先得阳光，居近乡老人等称为太阳沟。

大沟口子屯

该处南北大沟塘，自南北流出，自望景山西，泉眼数个发源，流至黄家街屯管界出口，其水长二十余里，故名。

长岭村

本村系清代，由京至吉之通路。昔邮政未设时，而沿线驿站林立，昼夜传递公文，驿马銮铃，终日不绝。计由伊勒们站至苏瓦延站之间，路线长约六十满里，而此六十里间，又由长岭子起，至苏瓦延站止，有四十五〔里〕之山路，一路步步山岭，蜿蜒崎岖，待下岭时，而苏瓦延站之驿街已历历在目矣。故传递者，每苦此岭之长，而又喜下岭时，即至所传递之驿站。故长岭子命名之由来，纯由驿使之口而得者。

钓鱼台

距长岭村东约二里许，有钓鱼台，考其命名之由来，大有意义〔1〕。据乡老云：清代，以康、乾二帝为最盛。当斯时也，政治清明，国家富庶，刀枪入库，马放南山，大有升平之概。于是，康、乾二帝先后下关东巡狩，一路伞盖辉煌，人民匍匐〔2〕，有一睹龙颜为快之感。比及长岭子东钓鱼台处，驻跸休息。康、乾二帝均曾在此河垂钓，举竿得鱼，龙颜欣喜，故命名为钓鱼台。迄今垂钓遗迹，宛然如在，游人观览至此，实不胜憧憬云〔3〕。

饮马河

长岭子东八里许，有一河，其水澄清，深约数尺，俯视砂石俱现。当年康熙帝睹之，龙颜欢喜，遂下令在此河饮马，故名为饮马河。比及船厂吉林西之欢喜岭，则见吉林城市宛然如画，大江弯弓，北山高耸，风景虽佳，而地势低下，盆地之忌讳，龙颜不悦，遂未入城，而有回銮之令。归途中，仍在此河饮马。故饮马河之名，遂远播四方矣。

县属四区　姚家城子

姚家城子，相传为古代高丽所筑之城。现在城墙遗迹，宛然存在。该城面积约为四五方里，辟为农田，每届春耕或耘草之时，辄有拾得古钱及铜佛者。溯自高丽迁出后，附近居民多为姚姓，故名为姚家城子。

县属四区　柳条边

本县四区管境，由邢家台至水口子，有边墙一段，长约十五里。查此边墙自开原威远堡而东，历吉林北界，至发特哈，共长六百九十余里。清初屡有蒙古寇警，乃插柳结绳，以分内外，故谓之柳条边。

烧锅街

于清道光二十年间，由朱万一开荒斩草，将地租与佃户耕种。该时只有五户，故名五家子屯。于光绪六年，经朱姓开设烧锅一处，商号名万增兴。后民国年间，又更名为烧锅街。

八面石

于烧锅屯南山北部，有大石一块，形为八面。后经土人细验，该石每面又有形似虎头之标记，故名为八面石。

羊圈顶子

此山甚高，其峰巅形若小城。清同治初年，为住民发现时，有山羊游牧其中，故命名焉。

黑鱼汀

于饮马河之西岸，其山下有一池甚深。清道光年间，开荒斩草，来住者为王姓，发现一巨鱼，色黑，并能喷云吐雾，人莫敢近，由此名为黑鱼汀。

新开河

昔同治元年初夏，忽降大雨如注，倾盆而下。西山至东山，数里之内，茫茫若海。及水消后，即于低洼之处，冲成一河，故名。

黑熊岗

昔同治初年，该岗时有黑熊出没，故名为黑熊岗。"康德"三年，集团部落筑成，又更名为黑熊岗自立屯。

歪头砬子

昔同治年间，即有人居该山之下。该山山峰，由西向东倾倒，俨如人头，土人竟名为歪头砬子。

淌泉子 前淌泉子、后淌泉子

该屯西部为大砬子山，渐东，乱山交杂，清泉甚多，虽冬季亦不结冰，故名为淌泉子。此为清同治年间由住民所命名。又因中间有一横山，分为二部，故有前后之别。

蜂蜜顶子

昔同治初年，此山中多枯树，其有孔洞者，蜜蜂就而营巢酿蜜，住民多往取之，故名为蜂蜜顶子。

九 台 县

九台

清康熙八年，设吉林省治。与蒙古分界处，筑有边（濠）〔壕〕一道，设有二十八台。九台者，系二十八台之第九台也。

太平村　狭呆沟

"狭呆"系蒙语，即狼之别名。相传该屯昔多狼，后经人居，因以狭呆名焉。

后鸡鸣山屯　白庙子

太平村白庙子屯，相传昔时该屯有白庙一座，修于何时，内祀何神，现已不知其详，惟该屯确以此得名焉。

县属三区　三台屯

三台屯附近有边壕焉，距今数百年所筑成，为防敌人袭击之用。每隔数十里，则设有边台，驻兵防守。自上而下数之，该台位属第三，故以三台名其屯也。

石羊屯

三台村境内，有屯名石羊。据当地老人云：距今约一百五十年前，时值夏季麦熟之期，某人月夜散步田旁，见有绵羊数头于田内食麦，乃驱吓之。该羊如无闻状，竟不少动。某人用枪击之，当时仆地而毙者，计三头，余皆奔逃无踪。某人乃将死羊拖出麦田外稍憩，详细视之，则变为石羊矣。后人因以石羊呼其屯云。

宝山村

距胡屯西里许，有宝山屯在焉。屯居山下，山有双峰而似牛乳。该地昔年曾住有一身体魁伟之大汉，时人以"膀汉"名其屯，后以其名不雅，乃易为"傍山屯"。前中华民国东北教育部总长刘哲，以双峰为宝，又因系己身之出生地，而以宝山名其屯，其蕴意盖亦深矣。

昌邑沟

河北省昌黎县有阎、杨二姓，因度日艰难，行乞至该屯落户，故名曰昌邑沟。

六台

六台之名，源于柳条边。柳条边东起松花江东头台子又名一台，经二台至松花江岸西岸，即三台。凡十五里，即四台。西十余里，为五台。距五台十余里，为六台，乃今之六台村也。再西南二十里许，为七台。十里许，又为八台。再三十里许，即我县城现址之九台也。按以上诸名，皆系守边筑台而得者也。

六台村　老古洞

大沟屯南有一山，位于群山之中，直贯南北。此山系关马山之主脉，高十余丈，上有岩石耸立。西北岩下有门，其形若洞，高可入，深丈余。传闻明代有人凿洞修炼。迄清代咸丰时，尝于阴雾中，木鱼贝叶声悠然可聆，晴日则寂然无闻，杳若黄鹤，故名之曰老古洞。迄今数百年，形迹犹存，残痕无多，游人至此，实不胜今昔之感焉。

头道湾子屯

该山下有山湾数处，因该山湾居首，故名曰"头道湾子屯"。

三棵树

相传该地原有古树三株，立屯后，故名曰"三棵树屯"。

岗子

饮马河沿岸，地处洼下，惟该地突然隆起，取其地高之意，故名"岗子"。

县属四区　大苇子沟屯

本屯南临一小沟，两岸苇芦丛生，每届秋日，因风瑟缩，形成本地之奇景，又为当地之特产，因以名屯焉。

县属四区　小苇子沟屯

该屯位于大苇子沟屯之西南，两屯相距甚近，在地理上有连带之关系。兼之该屯西南丛林中，亦出产苇芦，故名小苇子沟屯。

县属四区　泉眼沟屯

屯西为一小山环抱，成勾月之形势。山之阳，有泉数眼，除结冰期间外，泉水外涌，绕屯前而东流。屯中附近，又多泉眼，其水甚清，用之不竭。居民饮水，多取于此，故名泉眼沟。

县属四区　乾沟子屯

该屯地势概属平坦,惟屯前有一沟,雨后稍积水无多,不久即涸。自昔迄今,皆属如是，毫未改变，故名乾沟子屯。

县属三区　姜家沟

当清代，从关里迁来之汉族于此居住。初有两三家，嗣后成为村落。住户多属姜姓，故名姜家沟。

县属三区　红朵沟

红朵沟，此沟长十余里。据云：明朝建文皇帝时，该地曾出人参，开红花，时人因名之曰红朵沟。

县属三区　上河湾

相传清康熙时，此地只有住户两三家，为一荒僻村落。当时有勇汉，在村前毙一老虎，因名曰"伤虎湾"。后为本地人民竟讹作"上河湾"矣。

北城子

清代上河湾屯住民，为防止俄人入境，在此建筑防城，后名之曰北城子。至今城虽坍塌，尚有形迹可考。

桦树咀子

在清代迁民时，此地有一大山，上有一石，形如人咀，其上生桦树，故名曰"桦树咀子"。

县属三区　砂石岭

本屯有一极长之岭，岭上砂石甚多，每至夏季，采用砂石者颇多，故名为砂石岭。

饮马河村　小城子

小城子，乃饮马河村北部落名也。因村后土山之上，有高句丽土城遗迹，故名。

大城子

大城子，在小城子东四里处，亦部落名也。村后土山上，亦有高句丽土城遗迹。

河阳堡

河阳堡村，因在饮马河之北水北为阳，故名。

饮马河驿

相传清乾隆帝巡狩关东，曾饮御马于该河上游，故名此河。民国二年，吉长线通行，设驿站于河西岸二里处，故名。

火石岭村　银矿山

银矿山之命名，传于清乾隆时，山内出一银马驹，为一南方人用法取去，后因以为名。

县属二区　马鞍山

马鞍山，为县境之最高峰，前后二峰相峙，远视与马鞍无异，故名。

县属城区　营城

于本驿前，尚残留古城旧址，相传为金时之城，故名。现为京图路营城驿。

史家大屯

本屯原系旷野之地，草木丛杂，夐不见人。于乾隆八年，有山东人史姓者，家居干沟子屯，来此采薪。视该处甚便，于是建筑茅屋两间，度日丰富，家道小康。其后来此居者日繁，原为史姓建屋居住，故名为史家大屯。

广东山

史家大屯东南有一山，其山高大奇异，非他山可比。高约数百丈，尖峰耸立。每逢阴雨之际，云如出诸峰巅。人立山峰，山下则大雨滂沱，山峰能望青天。春夏之间，奇花先开，野草先茵。每值天气晴明，旭日初出时，举目仰视山峰，即现楼台殿阁之象。据乡人相传，有广东人视该山内有金马驹，设法欲取出之。以为借驴力能拉出，雇一用人，朝夕喂之，如驴能每顿食九斗九升黄豆，力大之时始能将金马驹拉出。一日，用人狂言驴果食如其量，可速去拉。及去，非惟金驹未得，而山峰亦被拉倒，金驹随山峰而走，终未能获。居民以广东人在此开山取宝，故命名为广东山。

东三道沟

六台边台东，三道沟南，有沟三，曰东三道沟，序属第三，故名。冠一东字者，为别于西三道沟也。

胡家村　胡屯

清雍正时，有胡连科者居此，因山为庐，凿坯为室，垦殖以营简陋生活。此后远地来居者，接踵而至，遂成村落，乃以姓名其村。据一般长者传云：胡屯犹先于蜂蜜营也。

胡家村　蜂蜜营

查胡家村全境，昔年原系一片荒凉，森林遍野，草木（丛）〔葱〕茏。迨清朝中叶，始有山东人来此垦殖。彼时户少人稀，此地盛产蜂蜜，每年来此采取蜂蜜者，男女妇孺，接踵而至。其产蜜之盛，概可想见，故尚有今名之存在焉。

加工河村　李爽屯

清乾隆年间，有李氏名爽者，来（此）〔居〕于此，故名。

二道沟村　石龙沟屯

该屯西北有山，山下一小河，由山巅向下突起一石脊，势如奔河，颇类龙形，故名。传说曩有南方人，相该地有龙脉，将其头部凿断，山下修一庙。

县属三区　舍岭

舍岭南北，原皆有长而大之岭，状似蛇形，故当时因命名曰"蛇岭"。至今将"蛇"字改为"舍"字矣。

县属三区　骆锅屯

"骆锅"初为"罗锅"二字。据人传称：距今二百余年前，一片荒野。后在清初时，有人迁此落户，其人姓名不详，但以其曲背不直，因名为"罗锅屯"云。

波泥河子

波泥河子，相传在清初，河内居一乌龟，时常涨水。其后龟无水消，露出土地，被日光蒸晒，遍地皆成波泥，故名。

石灰窑子

石灰窑子，在清代光绪年间，由山东人来此筑窑烧石灰，故名。

龙家堡村　靰鞡草城子

靰鞡草城子，相传为高句丽于此建国都，并筑有土城，又该地盛产靰鞡草，故名。

龙爪山及半拉山子

三台屯东北，有一山名曰龙爪山。其山形似龙，首注松江。诸山来朝，犹如龙爪，气象雄伟，若入松花江之状。隔江对峙，如来相迎。在东面江心之中，突出一小山，名曰团山，其形似蛛，孤立江中。据土人相传，名为蜘蛛山。在江之西北面，又有一山头，亦注于江岸，似奔蜘蛛山之形，名为半拉山子。据当地人言：南有龙爪山，北有半拉山子，是为二龙，江东为蜘蛛山，为二龙戏珠之地，此地能出俊杰人物。后经堪舆家看破，将西北面注江山头用人工劈毁其半，上建庙宇数座，以断龙头，不能复兴，故命名为半拉山子。其当地有童谣云："头台金，二台银，三台山环水聚出贵人。"

头道沟

头道沟，因其为饮马河东第一道沟，故名。

打尖沟

打尖沟，相传为乾隆帝阅边时，测该屯之水成分平等，在此打尖御午膳，故名。

雾开河

据乡老传云：该处在早并无河道，惟于清季道光二年七月间，连雨数日，该处下雾极大，遂流成沟渠一道，久之渐成小河，因名曰雾开河。现在长春和九台两县，即以此河分界。

二道沟屯

二道沟屯，为前清康熙二十一年设立边台，凡附近村屯，俱由此排数。以三台为主屯，三台之西屯曰三台西沟。昔时乡民以西沟为头道沟，以此为二道沟，故名。

龙家堡

据当地父老云：龙家堡，在清嘉庆初年称王麻子沟。后有龙姓迁此，盖窝堡种田，因之咸称此地为龙家窝堡。后因此地接近小房身，又称为腰房身站，但此名不久即湮没不彰。至民国九年，吉长铁路局欲在此设站，站长同本地士绅朱荣贵等合议站名。名王麻子沟站，则嫌其旧，名龙家窝堡站，又嫌其字多。遂舍旧取少，名为龙家堡云。

古榆树

本乡名为古榆树，相传有榆树一株，乃二百余年前之物，因以为名焉。

西营城子

西营城子，原系荒僻山野之处。当乾隆时，连年荒歉，民不聊生，由山东拨民移此，伐木烧炭，垦地为生。及今，人烟稠密。本街西有河南屯，临边壕建城门一座，城内驻扎朝鲜兵营，故名西营城子。

其塔木

其塔木之名称，或云系满洲语也。惟相传其塔木河北，有山神古庙一座，庙前生有大榆一株，枝叶繁茂，槎丫长大，形状奇异，远望之，如一塔焉，因是始名此村为奇塔木。后人误"奇"为"其"，以传留至今焉。

加工河村　大汉子沟

清咸丰年间，某人来居于此，该氏形容魁梧，身高八尺，膂力超众。后被吉林将军某知之，召之去。见其身躯伟大，欲其入武从戎，付之款，令其购买适足皮靴一双。彼遍寻诸鞋店，未能购到，遂复命曰："余足过大，无适足靴也。"将军曰："噫，空长大汉，无能为也。"遂令其返里。该地由此得名。

加工河村　林家屯

林家屯，在县城南四十五里。昔康熙年间，有林茂者，携眷自云南迁居于此。后因其族繁殖日多，遂成村落，故名。

加工河村　石龙沟

石龙沟，在加工河村境内，山脉连绵，山阴下，有一石山，长约三十余丈，宽三四丈，蜿蜒如龙，身有石花，恰似龙鳞，前有一泉。据该屯人云：石山之前，类如龙首。在百余年前，有南蛮人将此龙首凿破，其身不往前爬，否则此龙即奔入泉中矣。故名。

加工河村　加工河

加工河，发源于二道沟村王明楼东、西、北等山，流于西南，至庙南，折而流至太平村，东南入于鳌龙河，其流域约百余里。据该处人云：因其曲折甚多，形如弯弓，名曰"加弓河"。又云：该河原无涯际，夏秋之时，河水淹涝田禾，经人工按年修理河堤，名曰"加工河"。二说不知谁是。

二道咀子屯

本屯为清季乾嘉时代，汉族由山东省迁来所命名者。本屯前临山，后靠山，正在二山之尽处，而山形蜿蜒，相抱如口，故名。

月明楼屯

二道咀子后有月明楼屯。传说系元季时代之一大市镇。昔有一楼，极高峻，所谓上出重霄，下临无地之意也，故命此名。

围子屯

二道咀子前有围子屯，系日俄战时，俄为日所败，土人恐为俄败军蹂躏，于是群筑土围以御之。高一丈五尺，周围约二里云。

长 春 县

宝泉村　宝泉涌

该村之前，有一眼泉，水量颇多，故得名。

宝泉村　洼中高

洼中高，为一低下之盆地，附近有多数小河注入其中，盛产苇芦、乌拉草及杂鱼类。近年以来，有鲜人种稻者极多。但该地虽洼，人立其岸遥望，其当中殆与陆地齐平，故名。

宝泉村　玻璃岗

玻璃岗，相传该地昔时盛产玻璃树，近已砍伐将尽，并因其地势较高，故以岗名之。岗分前后二条，在前者曰前玻璃岗，后者曰后玻璃岗。

卡伦村　高怀玉城子

高怀玉城子屯，位于长春县卡伦村四区。前清嘉庆元年开垦，二年迁民，彼时有高名怀玉者，为此屯之荒主，又于屯之东北有古城一座，故人皆以高怀玉城子呼之。

双城村　双城堡

双城堡，位于长春县西北，系辽金之故土，故有其时之古城焉。其正北五里许，有古城旧址名曰黄花城子附近有黄花甸子得名。西北有偏脸城一座，因位于丘之阳地势偏斜，故名，该城建于二城之间，遂名之曰双城堡。

景田村　西哈拉哈

西哈拉哈，原名"哈拉哈"，乃蒙人所名也。以别于京滨线之哈拉哈，故冠以西字。

景田村　大合隆

大合隆，地据新开、伊通二河之中，昔日修河成功，立此名以镇之。其后有小合隆设立，因此命名为大合隆。

三岗村　三道岗

三道岗，位于新京北，长春县境三岗村内，距京百余里。屯之南为草原，且有河泡，而屯北则为一大平原，皆可耕之良田也。屯之东西，地势高拔，而屯势亦然，蜿蜒西去，类山巅焉。去屯南十余里，有一屯，地势亦如此。再南十余里之村落，地势又高拔，亦与此屯不相上下。因之尽南之屯名头道岗，此则名三道岗。

怀 德 县

公主岭　公主陵

清初叶，为弭边祸，与关外蒙古有赐婚之约，凡蒙人王族之有地位者，均有尚公主之资格。今公主陵所葬者，即其一也。公主为乾隆兄某亲王之女，年及笄，下嫁蒙古温德王府某代祖蒙王。以现在陵地为中心内五里之土地，赐与（事）〔侍〕奉公主之奴才等，由天德地局经理。外五里之土地，则归公主，为公主个人之供养，比薨，乃葬于此。陵背山面阳，形胜天成，堪舆家称为九凤朝阳之所。光绪二十八年，俄人铺设南满铁路时，以捷便故，初拟于陵侧通过。时守陵人鲍德那者，以有害于陵之风水，陈情大府，与俄人交涉，结果乃移筑于苇子沟，即现在之公主岭也。

扶 余 县

五家站村　朱家城子

距五家站东北，有村名朱家城子，屯之北有唐宋时废城遗址，面积约三方里。据一般父老相传：百年前，有朱姓者辟遗址为田，子孙繁衍。该屯多为朱姓后裔，因名为朱家城子焉。

珠山村　西车家店屯

该屯于清康熙时，系一片荒野。后于乾隆初年，吉林将军放荒，有车姓报领，开荒斩草，建设村落，并开一过路车店，故名。

伊店村　石碑崴子

石碑崴子，去伊店村南三秆，因有大金得胜陀石碑在焉，故名。

伯都村　伯都讷城

伯都讷城，即今扶余城之原名。伯都讷为清代族兵驻防之重镇。所谓吉林之外五城，即宁安、伯都、三姓、阿勒楚喀及珲春是也。又名新城府，区别之伯都讷站，而另筑斯城，故名。

增盛村　藕梨厂

藕梨厂，为清时特辟种植藕梨树之地也，年有采摘，概以奉上。今其地仍延用旧名。

八家村　土城子

土城子位于城北八秆，城周围十余方里，有东、西、北三门，城墙虽土质，遗迹尚可辨认，建筑年代不可考。城中有住户百余家，每值大风后，或雨止之夕，屯人往往拾得马镫、古钱、破瓶等，至残砾破瓦，则满地皆是，因以土城名之。

长春岭村　万善石桥

松花江东有一支流，横贯长春岭村，南北蜿蜒数里，水微细，经年不涸，名曰夹津沟子。为该村赴县必经路，往来交通，行人苦之。后有人以土木几经筑桥，终因沟中淤泥积深，而上流湍急，随建随毁，迄未成功。于是地方好善之士，复于民国七年，分头劝募巨金，兴工十余年，全桥悉以石建，乃克竣工。东西交通，大称便利，故名"万善石桥"焉。

伯都村　班德士

班德士，四周土丘起伏，该屯位于其中。北临松水，适于牧畜。于二百年前，该屯仅有三五住户。相传当时屯内发现年迈无主之尸体一具，屯人不忍其暴露，葬于岗下。以此事为道德之善举，因命屯名为"办德事"，后讹传为"班德士"矣。

扶余街　一溜桃树

该屯位于城东三秆。数十年前，该地有桃树八九株，并列生于村旁。每届春初，群花吐蕊，芳香含艳，可爱异常，当地人士皆作为美谈。因之，往游观者，亦络绎不绝。后名其屯为"一溜桃树"。俟以经营不得其法，相继枯死，现竟根株无余矣，惜哉。

扶余街　西南营子

本县城内，划分为东、南、西、北四区，位于某区者，即称某营子。惟西南营子，昔为蒙人交易萃集之地，故名为"营子"凡蒙人居处，俗称为营子，又因位于城内西南区，故名。

榆树沟村　榆树沟

榆树沟者，据当地老人云：该处于未开辟时，蜿蜒八粁，天然满生榆树，地形低下成沟。迨至清道光年间，始经开放，土地膏腴，收获恒丰。而人民渐聚，成为村落，乃名沟中居民处为榆树沟镇。东端居民处曰上沟屯，西端居民处曰下沟屯。但居民日多，而榆树日少，现所存者，寥如晨星矣。

弓棚村　双庙子

双庙子屯，位于弓棚子村北，约五粁。相传于清光绪年间，有隋卵子窝堡农人隋某，在本县五家站为人佣工，偶步至江沿，见江坎甚高，江水澄清，乃觅道而下，欲就江水濯足。甫蹲屈，忽江岸悬壁倾颓丈余，回首视之，见岸隙现露石像一尊，端然正坐。隋惊疑，乃跪而祷曰："如弟子有缘，愿负尊神归里，择地建祠，永祀千秋。但弟子愚昧不识尊神，恐祭奠失仪，反增弟子罪也。"言甫毕，见一渔叟，撑舟江心，谓隋曰："君缘分不浅，得见东海龙王之像。建祠祀之，子孙必昌。"隋欲问询，叟已杳如黄鹤矣。隋知为神仙化身暗示也，遂将石像谨慎肩负以归。至双庙子原系荒草蔓无烟处，距家不足二粁五〇〇米，隋疲，将石像置地上，席地憩息。移时起，复欲负之行，但石像已牢不可动矣。隋复祷曰："尊神如以是地可安，弟子即兴工建祠。"再负之，仍牢不可移，乃建庙于此，额曰"龙王庙"。此后每遇旱年，设坛，请龙王求雨，无不应验。后五家站大旱，乡民祈雨无效，议者谓龙王在本境，不知春秋祭奠，可否移驾，如请回龙宫，当能沛然下雨矣。乡民乃群向隋某商恳，请龙驾求雨。隋以为善举，乃应之。于是龙驾再回五家站，设坛祈雨，果验。乡民遂为建祠供奉，不复送回。隋一再交涉，由五家站村长依形塑泥像，送至双庙子，原像则供于本村庙内。后附近住户渐有迁居来此，自成村落。因是庙一神而分祀两庙，故呼该地为双庙子。

珠山村

京滨线蔡家沟驿北，有山高十余丈，长约二〇粁。据老人云：此山昔时有宝珠三粒，当清时，山顶每于夜半发光，中间红圆如日。俄人修铁道时，至该地为兰陵河所阻，乃建铁桥。落成后，珠之光即不复见。后人遂名其山为珠山，名其村为珠山村焉。

五家站村　五家站

五家站，原名为逊札保站。考其原始，本站旧名为孙家波站，满语译名为"逊家保"站，盖"逊家保"与"孙家波"音相同，此为清初年名也。后因官府拨民，汉军旗中之巨族有五汪、吴、郝、胡、李落户于此，遂改名为五家站焉。

发德村　四马架

四马架屯，清初为御租荒地，于乾隆末年，方出荒招垦。时有姜、程、马、王四姓购荒来垦，以椽数株立架，复草土为屋，俗称"马架"，因其有四，故名。

蒋家村　白鸽岗

白鸽岗位于县城之东南部，距城约二十五粁。该岗较平地高出约五丈余，南面慢坡，北面突陡。登其巅四顾，村落均环列目前。光绪二十年辟为熟地。当未开辟时，此岗盛产白鸽鸟，故名。

长春岭村　夹津沟子

夹津沟子位于长春岭村之西，原因松江支流，纵贯南北，长约五十粁。江水涨，则沟水盈，江水落，则沟水微，经年不涸，两岸居民因地理关系，故名。

长春岭

长虫岭，为长春岭之原名，盖缘开荒之时，虫蛇遍地故也。嗣以长虫之名不雅，更名为长春岭。

长春岭村　老头山

本村北里许，有高岭蜿蜒数里，自东而西，迄鞠家店屯，西止上岱吉。鞠家店屯背突起一山岗，高二丈，状如兽头，因名为老头山。

伯都村　土木喀勒

土木喀勒，为蒙语之译音，含山腰或山麓之意。该屯面前亘有土岭，高可五六丈，有蒙民数十户，依天然之地势，建村于岭下，因以得名。

陶赖昭村　南城子 俗名小城子

南城子位于东三家子屯南一粁五〇〇米，住户仅五六家。据传在该屯之后，有一高句丽古城，因年代过久，载籍无征，故其城之名不得而闻。惟于前三十年初立村落时，每于耕地，掘得地下藏物，非旧型之方砖，即质地极粗之碗盆，显证为古城之遗址，且在东三家子屯之南，故名。

扶余街　东园子

东园子位于县城之东，清季原系一片青青菜园，该地住民亦稀，故有东园子之称。降至今日，人烟稠密，已成繁盛之村邑，然仍袭旧名焉。

长 岭 县

长岭街　长岭街

长岭街，为长岭县城及长岭街公所所在地。原设治之始，以县城所在地有小村落名长岭子，因以名县。其西南相距三里之老长岭子，及东北二里之新店，同为在铁路建筑前，由江东扶余新城通辽源郑家屯之要道。

西固鲁缶村　西固鲁缶

西固鲁缶，为西固鲁缶村公所所在地，原为蒙古名，其义不详。

流水坨子村　流水坨子

流水坨子，流水坨子村公所在焉。其地有坨子，每届雨期，水自上而下，流甚多，故名。

二龙山村

二龙山，因其村北有坨子二，蜿蜒如龙，因名其地。又传昔日居民打井，得龙骨二，因以命名。

二龙山村　大力拐

大力拐屯，昔时为蒙人之住所，其名义不详。

太平山村　太平山

太平山村公所之所在地。三面环山，自成部落，后居处平安，因以命村。又名世合盛，因昔日有世合盛烧锅者，于其地开业，资本雄厚，为附近一带物资聚散之地。

太平山村　凤凰岭

相传古时，有凤凰曾落于此，故名。

太平山村　拉拉屯

本屯之住户坐落不齐，各户均迤逦而居，故名。

太平山村　三觉寺屯

因其屯有三觉寺，故名。

太平山村　兴隆山屯

本屯之后有一土山，传云古时有一卜者从此经过，相此山有兴隆之气象，后果户口繁盛，因以名其地为兴隆山屯云。

老爷庙村　揽头房子

于清时，政府放荒，委托揽头招户开垦。当时揽头居此，故得名。

李药铺村　李药铺

李药铺村为村公所所在地。清咸丰四年，有李连元者，曾设药铺于此，故名。

李药铺村　柳蒿泉子

柳蒿泉子屯，有泉水东流，未开垦之时，盛产最高之柳蒿，故得名。

三县堡村　三县堡

此地当清代开垦之时，有文登、汶上、蓬莱三县人居此，因名曰"三县堡"。

福庆长村　朱克山

朱克山屯旁有一土山，相传昔时有野猪殖息其地，故名。

福庆长村　糜子场

民国初年，此地初垦时，盛获糜子，故名。

福庆长村　土门子

土门子屯之南，有土岭如屏，岭中有南北道穿过如门，故曰土门子。

新安镇村　新安镇

新安镇村公所所在地。于长岭设治前，原隶于农安，旧名新集场。后更名为新安镇，改隶于长岭县。

新安镇村　古井屯

该屯于七十年前，农民建设村落时，发现古井，故名其地。

腰坨子村　头段屯

其地于开荒时，勘放土地属头段，故名。

腰坨子村　火烧李屯

该屯于二十年前有李姓居之，其家被火所烧，故名。

鲍家烧锅村　鲍家烧锅

鲍家烧锅村原名七号。因在草莱初辟之时，光绪三十三年，有宝显廷者，在此设立烧锅，故名。今则讹为鲍家烧锅矣。

西八大公司村

此地原于开垦之始，刘某将垦务公司分为八个，设总办理处于此，故名西八大公司村。

北正镇村　北正镇

本镇在七区正字号地段之内，而正字号地又在七区之北，故名。

正镇村　三团

其地于放荒时，所编之护垦第三团居此，故名。

泰和镇村　二十七号

该地为泰和镇村公所所在地。其地为井荒，值二十七号，故名。

泰和镇村　七撮（所）

其地于开垦时，有七家农户设立小房七所，故名。

乾　安　县

乾安县，在吉林省之西北。按：西北为乾，取西北平安之意，故名乾安。

鳞字村　翔字井

翔字井，为按《千字文》所排者，故名。

让字村　让字井

乾安县设治时，将全县土地划为若干井，每井三十六平方里，由东北角起，按照《千字文》中音义皆佳之字，顺次排列，命为井名。让字井名之由来，即以此也。

赞字村　赞字井

赞字井由辟县时，即依《千字文》，其音义美者，排列编为村屯之名。本村即"诗赞羔羊"一句中之"赞"字以名也。

西字村　体字井

体字为开垦放荒时，官署按照《千字文》所排列者，故名。

兰字村　木头营子

百余年前，有蒙人高三白音设村于此，周围植榆树，异常茂密。后人因以名其村。

兰字村　谭家围子

民国十五年春，有谭喜隆者建筑土围子于此，墙垣整齐，四隅设有炮台，以防匪患，该屯因此得名。

兰字村　王财窝堡

"大同元年"，开垦户王财率领农人八家，来此设立跑腿窝堡，耕种田地，故有是名。

兰字村　十二所

十二所，为福畅地局招垦时，建筑土房十二所，故得名。

兰字村　大伙房

大伙房，为该屯初开垦时，由多数人家共筑一跑腿窝堡，后始移入住户，故名。

兰字村　四达海

四达海屯，因该屯四方均临水泡，故名。

安字村　严字井

严字井，为民国十四年设治时，按《千字文》次序排列至此字，故名。

赞字村　女字井

女字井，为按《千字文》正排至此处，故名。

让字村　巨字井

巨字井，为按《千字文》排之，排至此处为"巨"字，故名。

兰字村　金斗窝堡

此窝堡于三十余年前，王姓在此设立窝堡，前临水泡，又兼连年丰收，故此得名。

乾安街　周字井

周字井，系本县设治时，按《千字文》横排者。

让字村　泥碱屯

泥碱屯，因临近碱泡，故名。

兰字村　兰字井

兰字井，为按《千字文》排至此处，恰为"兰"字，故名。

安字村　魏鹏龄窝堡

先有农人魏鹏龄者，由长岭县迁居于此，务农为生，耕作附近之田，历年间，收获恒丰，以故土人名其所居为"魏鹏龄窝堡"。及民国设治，划分井田时，以《千字文》排列，改为父字井云年月日不详。

赞字村　墨字井

墨字井屯，前系郭尔罗斯前旗之管境，于民国十五年设治。各屯之名，均按《千字文》所排列。墨字井即排列至"墨悲丝染"之"墨"字，故名。

道字村　五家户

五家户为民国时代建设，初时只五家，故名。

道字村　山湾

该屯建设之位置，三面环山，故名。

道字村　二马哈嘎

二马哈嘎，相传为蒙人二马哈嘎所建设者，故以人名其地。

赞字村　行字井

行字井，为按《千字文》所排者，排至此处，即为"行"字，因以为名。

乾安街　周字井

周字井，系本县设治时，按《千字文》横排，此处排至"周"字，故名。

阳字村　哈里海坨子

哈里海坨子，距县城西北三十里之土坨子土阜，其上遍生大叶小针之野生菜，名曰哈里海，为蒙人喜食之品，故以名其村。

阳字村　小古城

小古城，距县东北三十五里井字村，村南为一方圆三万二千余方丈之古城，颓垣碎砖，至今尚存，故名。

农 安 县

农安县

清嘉庆五年，吉林将军富（峻）〔俊〕奏准设长春厅，借蒙地养民，于长春堡设理事通判。光绪七年，出放龙弯夹荒，东曰农安乡，有头、二、三甲，西曰恒裕乡，有十四、十五甲。光绪八年，改理事通判为抚民通判，并增设农安分防照磨。十五年，裁抚民通判，升为长春府，设农安县，至今仍沿用之。

三盛玉村　慈田地屯

慈田地，为清光绪二十七年，国家招民垦荒俗称放荒，公家遗留毛荒二千垧，作为慈善事业。该荒开垦成熟，所收租粮，尽供给县中养济院，救济贫民老幼废疾无衣食者。故名其屯曰慈田地屯。

三盛玉村　苏吉梁屯　粉龙山

粉龙山为天然之白沙，千里绵亘不绝，蜿蜒东入松花江。该山自三盛玉、苏吉梁、大新店屯北，忽然陡起成山，白沙堆积如粉，高约五六十丈，山前即粉龙山屯。中有清泉，周围五六十丈，水深十余丈，终年不涸，又名龙潭。泉中长蒲草，至夏日，蒲棒长二尺许，粗如茶盅，其绒可做垫褥等。仰望白沙山上，被夕阳照射，成为粉色，山如龙形，故名粉龙山。

三青山

三青山，于清代放荒时，始来人居住。此地有三岗，鼎足而立，时人将其东者名为伏山，西者名为西山头，北者名为青山堡。按此三山，故名。

伏山

伏山，周围低下，惟该山凸出，远眺似伏于地，故名。

靠山屯

靠山屯，为前临伊通河之原野，后倚高五丈余之长土岭，风景清秀，故名。

县属四区　姜家坨子

姜家坨子，为哈拉海村管界。因该村居民姓姜者较多，并村落有高岗，故名。

左家山

农安东郊，伊通河滨，有突出地面之丘陵连绵，状若矮山环绕。是地久为左姓经营，由是该村人皆以左家山名之。

山东屯

山东屯位于县城西北约二里许，全村为山东人会集之所，故名。

架各苏台

架各苏台，相传原为蒙人所居。该屯西有水沼，产鱼最多。蒙语以鱼曰架各苏，以屯曰台，故名为架各苏台云。

德　惠　县

天台村　兴隆堡

兴隆堡原名丛家屯，因于道光二十年，有丛姓者先至此地开荒，建筑房屋，遂成一村。于同治八年六月七日，午后未时，天忽作云，沛然下雨，有二龙偶现天空。一时许，二龙降落于屯南沟内，百姓群往观之，则系一大一小，莫能近其身旁。后经此屯民众以柴焚火成烟，同时百余人担水向空扬之。约二时许，大龙随烟雾升天，不见其影，小者莫能升，遂腐于沟中。故名之为兴隆堡焉。

岔路口村　姜家城子

姜家城子位于岔路口村西北，距村二十五里。于清光绪初年，有姜姓来此居住，称曰"姜家窝堡屯"。光绪二十六年时，俄军来此，见屯中风景甚好，便于周围建筑城壕，驻军数月。去后，村民因改称为姜家城子。

刘家村　卧虎城

卧虎城系土筑之古城，年代不详。城据山巅，形势险要，北临伊通河，周围有炮垒十余处。相传古时，有虎栖止其中，故名。

郭家村　向阳城

据该处居民王玉琢云：伊先祖于清嘉庆二年迁移来此时，即见有土城遗址，城墙颓坍，寂无人烟，仅见一瓦砾之场而已。嗣因逐年耕种其间，现已成为熟地，不复见瓦砾矣。至于名称之由来，老人传云：系高句丽时，向爷驻此，故名。

城子街村　城子街

城子街南里许，有一古城，相传为金代所筑者，故名该处为城子街。

岔路口村　黑鱼泡屯

因此屯有一水泡，深约七尺，盛产黑鱼，故名。

松花江村　兔子岭屯

查该处有一土岭，较临近之地为最高，每当夏季雨水涨发之时，洼地之兔子均跑至该岭上避水，故名。

岔路口村　皇鱼圈

该处有一水泡，一般土民于附近松花江中得鱼者，必放于此泡中养之。据传曾以此鱼贡献皇帝，故名皇鱼圈。

达家沟村　大家沟

大家沟，前临一大水沟，于清嘉庆元年三月，有张、王、李、白、乔、孙等六姓，伙居开荒，称为丰富大家，故名。

菜园村　白鱼泡

白鱼泡在龙王庙北十里许，西濒饮马河。该处有水泡甚大，昔出白鱼，故名。

大房身村　城子下屯

县城东南有城子下屯，距县五十里。屯后有土城一处，四周旧址，尚见基痕，相传为朝鲜人所筑。于清乾隆年间，由关内迁民，始有人于该城南建设房舍，渐成村落，是以名为城子下屯。查该城现已辟为耕田。于数十年前，每值春耕，或狂风大作时，往往发现铁锅石槽及古铜钱等物近来不多见矣。惟于"康德"五年十二月间，该屯住户梁守财于门前泡底掘土作肥，掘至六尺深许，发现古印一颗，上镌"上京留守司印，泰和四年正月礼部造"，原系金代之物。业将该印呈交省署，转至"中央"矣。

大房身村　玻璃泉子

玻璃泉子，一小村也。该地多玻璃树，清泉淙淙，与玻璃树相间。每当夏季，景色宜人，往来游者，咸呼其地曰玻璃泉子云。

双合村　半拉山子

半拉山子，位于县东南隅，距城一百五十里，与九台、舒兰、榆树三县毗连，高有七丈。此山在松花江东、西两岸对立，中部被松花江水冲破，故名半拉山子。民国十二年，经慈联会更名为"双合山"矣。

达家沟村　榆树沟

榆树沟屯，位于县城东北，距城十五里，距达家沟站三里许，交通甚便。其屯之东有巨沟，沟之两侧，天然之榆树甚多，故该屯以此得名。

松花江村　高家城子

高家城子，相传二百年前，即有城墙在焉。城之四周约半里许，墙高丈余。因有高姓首先来此开垦，故名。

城子街村　聚水泉

聚水泉，因南、北、西三泉汇聚于此，故名。该处风景幽美，游览者颇多。

城子街村　太平山

太平山，相传明末清初时，有草寇聚啸于此，附近居民多受其害。后经官兵剿灭之，由此居民得安，因以名焉。

双山村　双山子

该地于清嘉庆年间，有名杨得山者，首先占地开荒，建屋舍，立门宅。因该处有二土山对立，故名。

丁菜园村　丁菜园屯

丁菜园屯，位于县城东北，距城五十里，菜园村公所设立于此，为该村之中心。北满铁道横贯其中，交通便利。其屯座山户丁姓，其先人以开菜园为业，故该屯以此得名。

双合村　朱船口

朱船口，因其地近松花江岸，有朱姓者，操舟渡人，故名。

夏家村　饮马河

饮马河，于县境占西部，距县城十余里。每当盛夏，景色宜人，风清气爽，诚游遣之良所也。据传清康熙巡狩来吉，曾于此河饮马，故名。

大清咀村　双泉眼

双泉眼屯有清泉两眼，冬夏水流甚旺，且不封冻。在该泉两岸之草，冬夏常青。相传古时有二龙，常取水于此，故名。

五台村　石虎沟

据传：该处有一大沟，沟内有千斤重之石虎一，在沟中三十余年。某日，该石虎忽然不见，故名。

舒　兰　县

县属三区　上营

上营，昔时乃森林稠密之区，并无住户，山中盛产人参。清末，有采参者设苗池于此，俗名称之为棒槌营。距此北十里许，亦有一池。彼为下营，而此乃名为上营。

县属一区　弓棚子

弓棚子，原为一大荒草甸子，牧畜者咸集于此。彼时牧者为避风雨计，乃共建草棚子一所，其形似弓，因以得名。

县属一区　买卖街

买卖街，据该屯老翁云：前之住户马明等均善营商，故名。

县属一区　卡权房子

此屯初设，尽以卡权木盖房。今虽无卡权房，而名仍在。

县属一区　新立镇

新立镇，昔时只有天德盛烧锅一处，因此人皆呼为天德盛。后渐繁兴，人口增多，集市确定，乃成一新街市，故名新立镇。

县属二区　杨木林子

昔时此地杨树成林，并住户多杨姓，故名。

县属一区　大泡子

大泡子屯前曾有一大泡，内藏黑鱼，后鱼尽泡干。现在虽无迹可考，然故名仍存。

县属一区　邓家屯

本屯因昔有开荒斩草之老户邓姓居此，故后人名之为邓家屯。

县属二区　杨公道屯

距今二百年前，有杨姓老叟 名未详 居于此。其为人大公无我，视人事如己事，视人家若己家，办事向不争多论寡。遇邻人有怠于农事者，辄劝勉或督催之，有纷争则出而排解之。是以人皆敬之，称曰"杨公道"。屯亦以此而得名焉。

县属二区　神树底下

神树底下，为一复活之榆，干可数围，枝柯纠盘，郁郁苍苍，其枯枝参天，望之悚然。即其一枝一节，动辄获咎，故名。

县属二区　莫里干通

莫里干通，概系满语译音，其命意不详。惟四面环江，中多柳林耳。

县属二区　潘家屯

潘家屯，于清代开国之初，本系荒莽之山林草原。有潘姓者，来此垦荒，后渐成部落，故名潘家屯。至今仍之。

县属二区　大东沟

大东沟于清嘉庆年，称为姚和尚沟。是时有方八尺砖庙一座，即由姚和尚看守，故有是名。迨至道光二十年，庙因失修而坍塌，姚和尚病故，屯名亦随之而废。于是，附近居民皆以潘家屯为主，故名潘屯东沟。及至实行保甲制，将东英甲所设于东沟，遂成为独立之屯，名大东沟矣。

榆　树　县

县属七区　黑林子

黑林子，为清代中叶所创。因该地当时森林丛茂，黑林一片，故名。

烤火厂，又名靠河厂〔4〕

烤火厂，为清代中叶所立。比时，该地东及南皆为森林，每至春间，四方农人来此伐木者颇多。每日早来晚归，午间休息时，皆齐集该地，烘火而食，故名烤火厂。民国初年，于姓来此居者颇多，以迷信关系，"于"与"鱼"同音，鱼烤火必毙，故改称"靠河厂"云。

太平川

太平川，为清代望族于府所居之地。该地形势，东西皆峻岭，中间平川。盖川者流水也，鱼喜水居，故名。

秀水甸子

一、秀水甸子，昔名为臭水甸子。因秀水街北高而南下，街南有一大甸子，宽长约八九方里，昔时积水过多，恶臭难闻，因以得名。后以文化日进，恶"臭"字之不雅，始以同声之"秀"而代之，始为今名。

二、秀水地方，于康熙五十八年，始有私来垦荒之汉人，其后人烟渐集。值清俄多事，至乾隆六年，为邮传之便，乃设驿于此，以满文命名为"登伊勒哲库站"，译为汉文即"秀水甸子"也。

县属一区　范家窝堡

范家窝堡，于清初为荒凉之原野，左近稀无人烟。及至康熙初年，始有范姓者来此耕种。后将其族人逐年招来，遂成村落，故名。

黄烧锅

于乾隆年间，有刘姓富户来此，开设一大烧锅，生意非常兴隆。及至嘉庆末年，因人事变更，买卖折本，营业停止。自此之后，始有民户来此居住，渐成村落，因以黄烧锅名其村。

县属五区　弓棚子

相传该地始有居民时，系由关内移民，某氏首先以柳木做成弓形之草棚，以为住所，因以命名焉。

四间房

距榆树县城南二十里，有村名"四间房"者。据本村老者言：清初时，此处为未垦之荒地。后有山东胡氏迁居于此，筑室四围，故名。

苇子沟

永和村苇子沟，其地名之由来，乃于清初年间，该地为一圆形低洼之地，中有一沟，夹岸芦苇丛生，春季嫩芽可食，入夏生长蓬勃，至秋细花盛开，殊为可观。人相此地有盛气，故于四围建室居住，而成村焉，遂名为苇子沟。至今仍沿称之。

泗河城村　炮手屯

炮手屯，由开荒占地之时，地广人稀，山林稠密，居民备用枪械，以防外侮，兼有畋猎之事，故名之曰炮手屯。

永和屯

永和屯，由清嘉庆年间，有张永、钱和等五户迁移至此，垦荒耕种，号称五大股，渐成村落。并招集其他农民，陆续迁移至此，结成乡里。彼时相约：村民出入相友，守望相助，疾病相扶持，永保邻里之睦。而张永、钱和为此屯五家之首户，又为开荒斩草之座山户，故命名曰"永和屯"。

县属三区　泗河城

本镇东门外，有古代土城一座，东、西门各一，面积约一方里。据土人云：此系辽、金时之遗物，盖牧马之场所也；泗道河子又流经其东，此即本城名之由来也。

县属三区　朱家泡子

本镇东北有一大泡子，距城约里余。西望古城，东邻泗水，形如弓字，深计丈余，长约里余，宽可九丈，天气如何亢旱，该泡之水向不干涸。昔年沿泡附近，悉为朱姓，故名之曰朱家泡子。

杨木林子

杨木林子屯，相传古时杨树最多，现在仍有小范围之杨树林，故名。

牛头山屯

位于大岭镇东北，距大岭三十五里，拉林河西岸。屯东南有一土山，形如牛头，因名屯曰牛头山屯。

封堆

于清乾隆六十年四月间，朝廷派人于该地之北里许，挖大堆子数十，东西排列数十里。当初之用意不详。于民国时代，本县一、五两区之分界，曾以此土堆为标记。事变后，则以河沟为界矣。封堆因此得名。

县属一区　夏宝屯

清乾隆年间，有居民夏姓者，以制耙为业，故名"夏耙子屯"。后光绪三十四年时，设立学校，以该名不雅，遂改为夏宝屯，盖谐"夏耙子"之音也。

县属三区　新安屯

新安屯，原为荒野之区。自前清嘉庆年间，有富将军者，曾拨民开垦。有陈、杨等户，新落于此，安居乐业，故取名新安二字。

县属三区　宋四老虎屯

宋四老虎屯，据乡民传云：于清乾隆年间，原有宋洛四者居住该屯，行为霸道，屯人畏之如虎，故名。自宋某故后，讹传为宋死老虎屯云。

盟温站

本站为榆树县西部开辟最早之地。盟温站之称，系满洲语之译音也。清康熙二十六年时，因与俄罗斯订《尼布楚条约》，乃由珲春付都统郎昆氏奉旨带兵五万，由水路赴黑龙江省北之和议会场，担任护卫。故由吉林至扶余即伯都讷沿松花江设立十驿，专为传递官府文书。于民国二年，因邮电普及，乃将驿站一律裁撤矣。

县属六区　义合屯

清同治年间，有关内汉族刘、孙二姓，其名不详，因有结义之说，故二人效法之，一同结伴来此。当时此地系荒野，无人开辟，二人合力，采居该处，斩草伐木，建简单之房舍一所，开地数垧，共同耕住二十余年。后人来此，因名之曰义合屯云。

县属六区　三行屯

本屯地当三路之交点。昔年交通不便，南北运输多赖旧式大车。其北之双城、东北之拉林、西北之珠山等处大车，载货赴奉天销售，皆至此会集，一路南行，故名三行屯。

五棵树

五棵树，为本县西部重镇。百年以前，在该镇关帝庙左，有榆树五棵，故名。

泗河城区　青山堡

青山堡，东南有土山环抱，距该堡七里许，山上树木繁盛，大有青山缭绕之雄伟气象，故名。

蛤蜊城

蛤蜊城为协和村北、拉林河南岸之地名。相传河中有巨蛤蜊一，长三尺许，壳含巨珠如鸡卵，入夜放光，照耀河面，居群蛤蜊中央为王。其余小蛤蜊，长尺许，环绕如城，亦各含珠，大似拇指甲。清代曾驻有四品旗官，专司采珠事，惟迄无获者。

前 郭 旗

郭前旗　努图克

昔成吉思汗太元三十四年〔5〕，征服西欧行军之当时，本地有郭尔陆特纳林汗者，都会即在松花江北东岸伯都讷城现扶余县。彼时，该纳林汗统率其部落归降。元领之后，有成吉思汗三弟"哈巴图哈萨尔"十八世孙"魁孟轲"统辖之努文科尔沁部是也。至清廷改称科尔沁左右六旗，并有二郭旗及"杜尔伯特""札赍特"四旗，称为哲里木盟十旗。乃施行旗制之初，本旗首祖即"魁孟轲"之第三孙。以上传至于近之努图克来由，谨述如表。伏查曩来均为屯军部落制度，所属蒙民，除经营简单衣食外，随将干练骑射，即现在打猎，由此养成习惯。且有一般蒙民至十八岁者，一律登红册，即称为台吉、（皮）〔披〕甲、壮丁、差丁等名，换言之，均为征兵，即现在义勇奉公总动员之基本规例。但民国成立以来，本旗竟处于盗匪等铁蹄之下，所有豢养之马牛羊群，抢掠已空矣。

郭后旗

乌巴音敖图根诺彦　长子——奈齐布彦图诺彦
　　　　　　　　　　次子——莽胡默尔根诺彦

（郭后旗）

长子备德达达尔罕诺彦——第五努图克
次子色楞默根大清诺彦——第四努图克
三子公固穆哈丹巴图禄诺彦——第一、二努图克
四子公嗓嘎里——第三努图克

查固穆之长子阿思哈，历有尽忠报国之劳，曩在顺治年间，受封扎萨克之命。系扎萨克为旗内最高监督，努图克为法人，奉扎萨克之命，掌理所属管内之放牧干练等事宜。以上系称为努图克之由来也。

第一努图克　王府屯

查本旗王府屯，昔时树木茂盛，背靠花木丛生之大山，南沿松花江流，实为养练骑射之要区。故该（札）〔扎〕萨克固穆落居于此，称为哈拉茂都即

茂林之意并称扎萨克浩里雅者_{即行政范围}。自固穆传至现参议齐默特色木丕勒，计十二代。又呼公营子王府者，均系移入之边境汉民，以公王爵所称而来者，即为表现出生王公地之意义。

第一努图克　　张家营子_{蒙译章摄爱勒}

"章摄爱勒"，意章京屯。章京，系清朝职名；爱勒，即屯名。以其字音，用满语，称为张家营子。

第三努图克　　库里屯

该屯之南有宾图妃陵，因其随伴陵墓而住为屯_{蒙译陵墓为库里}，故名库里屯。

第三努图克　　八郎屯_{蒙名户盖爱勒}

八郎屯，相传为宋朝杨八郎曾在该屯大榆树下息马，故名。

第一努图克　　阿拉街

阿拉街庙之左右两屯，名曰东阿拉街、西阿拉街，以其形似阿拉街庙之左右手掌。阿拉者，即手掌之意义也。

第三努图克　　靴子庙

京白线新庙驿北五里，有靴子庙一处，殿仅一间，已破旧不堪，盖三百年前之遗物。相传清顺治年间，忠亲王某，少年英俊，颇有成吉思汗之风，性喜围猎。一日，率从人数十骑，并携猎犬多数，出猎于郊野。行至松花江岸树林茂处，遂撒下围场，周围数十里，尽在其势力范围内。孰料围场未终，忠亲王失踪。从人遍寻无路，仅于卡拉店附近，拾其战靴一只。从人遂于该处建庙一所，供置其中，以志不忘。故名。

二、乡土传说之神话

吉　林　市

龙潭山　龙潭

潭在山之中部，山巅有寺曰龙凤寺。自寺西北行，约数十武，龙潭在焉。周约二十五丈有奇，水深而碧，浮萍满布，淫雨不溢，旱魃不减。四围壁立，树木阴森。东北有石穴二，外狭内广，伏而入，略可容身，疑为潭之尾闾。今已石封，不能探讨。潭前建坊一座，悬清德宗御书"挹娄泽洽"匾额。其东南有神树一株。清代时，潭与树均列祀典，春秋致祭。近来树已无存，而潭尚渊然独在。据传潭上所布浮萍，遇祭斯开，祭罢，依然封闭。潭中旧镇水怪一，链粗如臂，一端系于桩上。人有出链欲极究竟者，遽链将垂尽，遽闻水底吼声如雷，耳塞目眩。方惊恐间，哗啦一声，岸链脱落，仍如原状，亦云奇矣。惟此链已先神树而失，询诸寺僧及地方父老，无能详其底蕴者。

猪石磊子　猪山

吉林城南二十里，有山名曰"猪石磊子"，亦曰"猪山"。山巅怪石林立，如锯齿状。每当天将阴雨之际，山巅岩石形成一大型之猪，头尾俱肖。同时更现无数之小猪，头背相属，而列其后，不知者几，疑为人间所畜之群猪登山也。据近山老人谈：天阴，山猪不现形，必不至降雨。否则，将不免大雨滂沱矣，屡验不爽。

永　吉　县

永吉县　殷家坟

岔路河东北十五公里，腰屯迤南，有一岭岗，形似卧虎。清道光朝，有蛮叟擅长风鉴者，游行斯地，窥透真脉，徘徊浏览，称赞不已，移时，始去。行未数伍，旁见一宅，门第广阔，诣访之。主人延入，自谓殷姓，世居于斯。寒暄毕，谈及岗地，正主人所有。蛮叟遂将岗脉提示梗概，殷氏聆言，请道其详。叟曰："果尔用为茔地，其后裔立即发科。"殷氏深信不疑，留叟盘桓，殷勤款待，视同上宾，久而不怠。叟感其优遇，自觉寝食难安。氏察其情，知为所动，乃求指示正脉。叟曰："该穴占后，泄漏天地玄妙，余目自必失明，生计殆矣。"语毕，慨叹不已。殷氏曰："倘承不弃，果如君之所言，甘愿养生送死，若尊亲属事之如何？"叟感其诚，诺之。未几，殷氏未病而逝。遗有子孙，举办丧事，比径蛮叟莅岗详勘，点示正穴。翌日发引，哄动闾里，男女老少，各具好奇之心，群集墓旁，围观究竟。是日，天朗气清，车水马龙，极盛一时。届时，入葬仪式尤隆，观众咸以"虎穴"目之。窀穸后，蛮叟二目果盲，待遇较前尤丰。嗣殷家某子其名不详，入京引见，留都服务，连升至水军都督职，一度衣锦荣归，举行扫墓，耀祖扬名，显赫非常。从此门庭改换，尊卑顿异往昔，渐露骄傲气象。而向称养尊处优之盲叟，至是迭被轻视。久之，更厮役之不如矣。盲叟处此末路，呼吁莫由，徒增吁嗟。一日，彳亍门外，闷坐枕石，深自痛悔当初之徒为人谋，致有今日遭人白眼之厄。正踌躇苦痛间，其门生某自南寻师至此，见彼狼狈情况，不禁失声，问曰："师流落乃尔，其故安在？"叟闻声，而忆其人，悲喜交加，忍泣告曰："余一念之差，悔之莫及。"即将始末情由，备述无遗。并谓："欲挽余之失，救余之难，非汝莫属。余目虽盲，尚有转机。今与尔约，若于该茔东南方，脉似虎头处，盖一庙，将二目凿穴，穴内藏有石胆，取其胆汁，涂目则明。更就穴植树两株，而风脉立破，其家中落，可断言矣。然事贵机密，他日前来，彼此佯为不识。首向殷赞羡彼墓，纯系卧虎，以坚其信念。继称虎头四顾，煞气太深，风脉不绵，暂吉终凶，以惊其心，使之中计。然后如法施行，彼必信而不疑。如此庶可夺天地之妙，用补我一生之缺憾。成败利钝，在此一举，尔其慎之。"师徒密约毕，乃徒如命试办，对方竟为所算，不察就理，听人所为。于是蛮叟盲目复明，师徒同时遁去。事未逾年，而水军都督竟以事罢免，家道缘此日衰。以迄今兹，其后裔终无显贵者。然尚有富庶多户，仍居故里。该茔雕刻砖垣，精细无伦，松柏参天，气象森严，虽系断岗残脉，而普通茔地犹难比拟。后人凭吊其间，莫不喟然叹曰："苟非背信忘义，先恭后倨，则福泽绵延，岂有涯耶！天道循环，洵不爽矣。"

县属一区　关圣帝君显灵

县境北区，名乌拉镇。自清初入关定鼎后，即在该处创设总管衙门，采捕贡品，故开拓最早。而清代二百余年，从未遭逢兵戈匪患之劫，故地方甚为丰富。迨咸丰、同治之时，内省罗洪、杨发匪之乱，剿抚有年，吉林军旅，尽数调往内省，地方兵力，因以空虚。同治四年正月，突有匪首绰号名"马傻子"者，率大帮悍匪，破阿什河今之阿城县，盘踞县城，猖獗滋扰。更拟直驱吉林省城，昼夜兼程，蜂拥急驰，毫无顾忌。讵意行至乌拉城北五十里之溪浪河镇，夜半，忽见兵马无数，灯火辉煌，中有赤面将军，手持大刀，指挥督饬，异常英勇。群匪目睹兵马骤至，心惊胆怯，纷纷向西方逃窜。当时吉林将军德公，闻阿城攻陷，恐省城不保，焦忧万状，乃星夜赴乌拉，意在迎击。中途闻群匪已无端西逃，殊出意外。探至溪浪河，犹不见匪踪，诧甚。询之，据乡人纷纷传说：是夜，群匪正前行间，突见乌拉城上，兵戈无数，且人喊马嘶，声震山谷，疑系京师来兵剿击，乃惊慌逃避云。然是时省城实无兵前往，匪众果若长驱直进，则乌拉及省城均莫能保。乃竟无兵御防，而安然未遭灾劫，诚属疑问。因之地方商民咸有"关圣帝君大显神威，保护斯土"之宣传，而妇孺感戴，尤难名状，以至迄今，仍有互相传说者。当时更谓：曾见庙中泥马汗流浃背，并闻钟鼓自鸣等语。事似荒诞不经。然以群匪猖狂，距乌已近，无兵往剿，竟自逃遁，致使地方未遭涂炭，亦异事耳。乡民因信仰关帝甚深，遂相传为神话。当时该匪由溪浪河逃至长春，沿途纵横抢掠，直至奉天之三座塔等处，所过城镇，悉被蹂躏。乌拉商民，愈感关帝庇佑之德，遂募集巨款，将前后殿宇，重行修筑，焕然一新。并经将军德公奏请，同治皇帝御笔钦书"严疆保障"匾额一方。并建立石碑，记载驱匪事故。于今七十余年，香火甚盛。殿宇修整，颇壮观瞻，往来游览者，莫不肃然起敬焉。

县属一区　神树

缸窑镇，北山庙西，有枝叶繁茂之香椴一棵，位于道旁。地主因开辟新荒，虑其阻碍，正拟将此树砍伐。讵该山住持僧，夜梦一老人云：椴树不久将伐，托其挽救，否则吾命休矣。翌日，该僧通知原地主，详述梦景，谓系神树，伐之不祥。于是，伐树之意因以罢止。当地乡老传为神话。该树至今犹繁茂如昔，香芳荡漾，嗅之令人神爽不已。

县属三区　泥像显圣

县城北六十里四台子屯，据当地老人传云：清乾隆年间，本屯河水涨发时，夜闻呼救声甚急。齐往河岸，以灯照之，见有红面泥像一尊，漂荡河内，貌似关帝神像。遂驾船舁入关帝庙中，置于神座前。供奉至今，传为奇闻云。

县属二区　猴石山

省城之北二十五里，有山曰猴石山。山之南端，有大石耸立，如猴蹲踞状。近据山下老人谈称：猴头上有直径约二尺许大片石一块，中有二黑圈，谓之神目。某年，曾来南蛮二人挖此二目。甫经取出，携至山下，片石突然降落，竟将取目二人压死石下。石今犹存，乃传作神话。但是否属实，无从证验。

县属三区　查魔坟

太平村之东北约十五里许大官地屯，有查魔坟。相传于咸丰年间，有张姓女，年二十余岁，善诱，病者信其跳神去病。复与操同业之王姓男，年龄相若，发生关系，被该女之父查知，当将其女与王姓男查魔，一并用大缸装之活埋，称之为"查魔坟"。其后行路者，往往于夜间听坟内时有敲鼓唱神话、摆腰铃之声，似其生前跳神一般。但其坟逐渐增高，近年来不复闻矣。

县属七区　石人作祟

双顶大屯东有一山，甚雄峻。山端石碴，高有数丈，似人形，口目耳鼻俱全，且面向吉林城，作远眺状。昔年城内，屡遭火灾，传称有风鉴家，谓系此石像作祟所致。乃于此山筑火神庙一座，当时并由某石匠用锤将石像头顶击去一半，自此吉林火灾渐少云云。语近荒诞，殊难凭信。惟现在登临山上，其残破石像及锤迹，尚宛然可辨。

县属八区　摩天岭

摩天岭较诸山为最高，山巅有池，深不可测。据山下老人云：每遇天阴，如山尖有云弥漫，必降雨。否则，虽黑云厚布，决不落雨，屡试不爽。

县属二区　神像出游

县北五十里下洼子屯，清雍正八年十二月二十三日，屯中居户李文秀，同子赶爬犁赴桦皮厂集市办年。午后返，时值天降大雪，行至中途，一鬓发斑白老妪，自言由泰安山来，至下洼子庙办事，要请顺便坐爬犁，并允给钱两吊。李氏见其年老，许之。老妪就座后，西北风雪交加愈剧，李氏父子目不能睁。少顷风息，则下洼子屯至矣。及至庙前，老妪进庙办事，许久未出。李文秀令子探视，则见庙堂无人，仅一尺许神像，头身披雪，其前案上，置铜钱两吊，用红绳穿之。子出禀父，父入视，果然，乃知老妪系神像显灵。因而喃喃祷曰："来春必为神灵扩大建修庙宇。"及出，更向屯民申述经过。屯绅于次年春间，募款重修斯庙。远近人士，喜其灵应，每当庙会期间，妇孺男女，捧香持供，趋前祈祷，会颇隆盛。至今犹然。

县属七区　鳌哈达金山

鳌哈达屯中，有一山，孤立如坟状。昔年年月不详，有一白发老翁，至某农家，见有小马一匹，高尺许，因备价买妥。临行谓农人曰："此马暂寄养汝家，但须用铁（练）〔链〕锁之，切勿纵放。三年后吾来取马，必有重酬。"语毕而去。翁去后，将二年，农夫偶不慎，被马脱缰跑去，绕山两周而死。比及三年，翁来取马，农夫实告之。翁叹曰："此马如能绕山三周而死，此山必开。内有金货九缸十八锅，不在山前坡，即在山后坡。"语毕，翁忽不见。至今，该屯人仍垂涎山中之金货，惜山势高大，不敢轻予开掘，诚恐徒劳耳。

县属五区　鳌龙河神

双桥子屯有发源于南方、贯通于屯中、向北流去之小河一条，名曰鳌龙河。该河河身，初甚狭浅。据当地年老人谈称：清乾隆皇帝初下关东，曾经此地。彼时御驾初临，正值天清气朗，长空一色。忽见西北乾天有如怒马翻潮之乌云一片，油然而至。转瞬大雨滂沱，沟壕为满。同时河水泛滥，四面横流，竟将一带乡村，湮没无形，交通亦即立刻断绝，在此弥漫天空之中，波涛怒放，忽由水内突出形如烟筒之水柱，迎面竖立。扈从睹此情景，惊骇万状，莫知所措。而乾隆皇帝从容举手，指向该河而言曰："此乃铜帮铁底之鳌龙河神乎？"语毕，水柱顿落。乃驻跸山岗，张幕而宿。待翌日水消，始启銮向吉林而去。乡人因此有"河神朝天子"之佳话，相沿至今云。

县属一区　自来佛与经卷

乌拉城北约三里许，有保宁庵一所。其后殿为如来佛殿，东偏供有金佛三尊，高约三尺，纯系以黄铜与金质铸成，精巧异常，神情亦极活跃，金碧炫目，绝非凡品。据当地乡老传说：自保宁庵落成后，因河水大涨，突有三尊金佛，与经卷多种，由松花江顺流而下。乌拉会首等适于夜间均得一梦，谓寝中闻佛言"吾现在来至松花江南哨口岸上，汝可速往迎奉"等语。会首等群以为异，当即率人数十名，钟鼓齐鸣，前往迎迓。及至该处，果见有小舟，舟内乃佛像及经典。遂挂红布，敬谨迎至保宁庵而供奉之。由是香烟不绝，灵应时显。乌拉左近人民，莫不崇拜，并均以自来佛称之。相传至今，成为神话，一般妇孺，皆知其事。至今香火如昔。

县属四区　山参化人

县属天岗山俗称老虎砬子，相传于数百年前，曾有二美女来自山中。每逢屯中庙会之期，二美女时常出现，化身村妇，杂人丛中，散会后，则飘然而去。某日有好事者，见二女于会场携手并肩，往来顾盼，大有神仙之概，心甚羡之。及其去也，乃尾之于后，意在瞻其何往。而二女竟直向天岗而去。某乃急行，相距稍近，转瞬间竟失所在。归而述之，于是一般人民揣测云：二女乃山中之人参化身，实绝代宝物，食之可以长生不老，但非有福者不能获之云尔。

县属五区　仙人赋棋

岔路河东岸有山名曰东山，其最高峰，一名老山头，一名二碴子，两峰中间平坦处，有石炕及石棋盘。据云为仙人遗留之古迹。在最早之时年代不详，岔路河之东山，游人稀少，当时有二仙人，常于山峰平坦处下棋。所用棋子及棋盘，纯为石制者。棋盘长宽各约四尺之正方形，石板上有寸许石棋子三十二个，四角各配小石棹一座。更于距此约二十丈之二碴子山峰上，有长六尺，宽四尺，而非纯正方形之石炕一座，上列石碗、石箸等，疑似仙人棋后疲乏休息与用饭之所。炕旁有一长方形小石槽，槽内常有水存其中。惟因年深代远，几经风雨摧残侵蚀，所有碗箸并棋子，现在均已无存，只有石炕及棋盘仍旧存留。但是否仙人遗迹，殊难考证也。

县属一区　关帝托梦送刀

乌拉旧街之老爷庙，灵显素著，数现法身，以佑乡民。并据传称：于光绪十三年，有山西蒲州人王姓者，曾受关公梦中嘱托，令其将生时所用青龙偃月刀，徒步送至关东乌拉街老爷庙行宫。王某接受命令，不敢有违法旨，故经历七月之久，始达目的地。遗物至今犹存。刀重八十一斤，青铜闪闪发光，望之肃然起敬。各地游人，凡经乌拉街者，莫不往瞻圣容及遗迹焉。

乌拉街　关圣帝君降笔题联

前清同治岁次丁卯瓜月，有方士某，善卜筮星相之学。一日因好奇扶乩，不意关帝降坛，亲笔题一联云："无道无僧为胜地，有灵有圣是光天。"字体精妙，雄劲异常，一般书法家，咸为咋舌。后人（谨）〔仅〕据对联意义，从不致招挂褡之僧，（谨）〔仅〕雇一看庙人，为侍香火焉。

神童书匾

乌拉旧街关帝庙后院，如来佛殿修成后，拟（与）〔于〕佛前挂匾。某日，约善书者来庙书写。业经将墨磨好，纸亦铺于桌上，正于善书者未至之际。倏忽间，不知由何方突来一带红兜肚之小童，嘻笑非常，急趋桌前，操笔立书"便是四天"四字。当时在场人等呵之不去，但喧声未停，已失小童所在。

笔势雄劲有神力，今尚悬如来佛殿，传为佳话云。

舌书匾额

乌拉保宁庵住持，于民国十二年春间，邀乌拉城内某，擅长书法者，写匾一方。某人甫将持笔，一时神会，似有神灵附体，乃弃笔而以舌舔墨，书成"庇阴无疆"四字。笔态生动，神妙异常。有名书法家见之，莫不交口称赞。惜年远境迁，不知该书匾人姓名，但只存其遗迹耳。

大座山

本县长岗岭屯，位于奉吉线长岗岭洞迤南，其地多山，而最著名者曰"大座山"，在屯南里许。其山峰高耸，而山麓则宽大广敞，形如立锥，故有大座之名。据乡老传称：该山一遇天阴，如山中呜呜作响，则必降雨；如山不发响，虽浓云密布，自朝至暮，亦绝无雨。因此，近屯之人每闻山鸣，虽薄云在天，而行路者亦必携带雨具。否则，纵黑云缭绕，绝不稍加防范。盖确信其必无雨降也。

金马驹

县西北九十里，马虎头山，连亘二十余里，高数十丈。山北坡，怪石嵯峨，中一巨峰，形似虎头。据传闻：该山昔年原不甚高，嗣因某日天雨，见金黄色马驹一匹，绕山鸣跑，山下住民均望见之，疑为左近人家所畜之马脱缰跑出，逐出而驰向山中追唤。不料人至马无，人走马出，迄难捉寻。而该山竟自此马出现后，日见增高，莫解其故。久之，复于阴云密布、雾气满山之际，更见该马驹出没云端，往来奔驰，屯民望而惊愕。适来一南方术士俗称南方蛮子，能识风水宝物，亦随众在山下观望。移时，向屯人云："此金马驹也，如不除之，将来此地均变高山，尔等无立足地矣。宜速于山上建庙以镇之。"屯民信以为实，便择日兴工，建九圣祠于山巅。工事既竣，南蛮忽去。山自此不再见增高，雨天亦不复睹金马驹之形，群人遂疑已被南蛮取去云。

县属七区　神驴

本县七区与二区之间，以山为界，其山形似磨盘，故名曰"磨盘山"。据地方传称：在昔年，曾有得道商僧一名，住此山中。后因鉴此山中藏有宝物，但非将山劈开，不能取出，遂以异术，精炼一驴。炼成之后，使该驴绕山行走，至若干日，便将山拉倒，而宝物亦即立时取出。不意僧人将驴炼致中途，尚未成功之际，该僧之徒欲试其驴是否能将山拉倒，乃乘其师外出之际，暗中将驴牵出，使其拉山。拉至十数周后，山竟作响，摇摇颤动。徒正狂喜间，而驴忽喘息声嘶，倒地而毙。师归闻知，叹曰："惜功败垂成。岂孺子之过，乃数使然也。倘此驴再能精炼若干日，则成神驴。今志未达，而驴先死，岂命也耶！"遂收而葬之。次日，僧竟不知所往。

城隍上任

吉林城东北十余里，有王志成者，年甫四十，家贫业农。某日从田中归，途遇大雨，趋避路旁一庙中，觉身冷，头痛难忍，遂冒雨至家，一病不起。一日深夜，见一吏持牒牵白马而来，曰："请君赴职。"志成曰："有何事也？"吏不言，但敦促之。志成力疾乘马从去。所行之路，皆甚生疏。俄顷至一城郭，如王者都。入府廨，见其宫室异常壮丽，殿上坐十余人，皆着官服，但不知均为何官。檐下设几墩各二，有一秀才坐其末。志成立于几旁，几上各置文具及茶杯等。少顷，一吏召志成至殿上，谕之曰："南城缺城隍，今遣汝任职。"志成闻语方悟，顿首泣曰："本应遵命，何敢多辞。但因家有老母，已六旬余，奉养无人。请终其天年，再听任用。"上方一官聆其言，令一长须吏捧册翻阅，曰："其母尚有阳算九年。"俄一王者在上大呼曰："不妨令本村张秀才先代之。今念其仁孝之心，给其阳寿九年，及期当复相召。"志成暗喜，乃稽首而下，抵家，豁然梦寝，时卒已二日。其母闻棺中有呻吟声，扶出半日，始能语。问之本村张秀才，是日果死矣。后九年，母果卒。营葬毕，邀请亲友至其家，告归阴赴任等事。言毕，至夜果卒。村人将其埋葬，并修一庙，每日男女焚香，络绎不绝。一夜，大风暴雨，雷电交加，次日不见此庙，亦不知其去向。

三星池

清道光初年，县属四间房村，住户繁多，商肆林立，盛极一时。据传：所以该村日渐繁盛者，乃三星池之风水有以致之。池共三个，分列于村之南、北、中，如天上之三星然，故名。池周围各丈许，水深莫测，经冬不冻。嗣有某南方人行至其地，对村人谈称："此地凶气太盛，大不利于村，应筑庙宇以镇之，则灾可解。"村人信其言，募款建财神庙及圣宗庙一座，并绘八卦图于庙前影壁上。讵意庙修成后，适遇山水暴发，水退，所遗淤泥竟将三星池淤平。全村住户至此亦日渐衰落云。

密什哈站　莲花神女

松花江之东，有乡名"密什哈站"者，北有莲池。池内有一水神，时于朝雾朦胧之际，幻作女身，往来嬉游岸上，渔夫牧竖时有见之者。先是村中有一贫少年，平日事母以孝闻。一日，为七月之杪，野菜既已绝源，家又无升斗之积。不得已，乃萌盗念，思往大户田中，窃苞米少许，借作晨餐。甫至田畔，忽良心自责，有负素志，遂信步至池边，徘徊其间。时于朝雾中，窥一少女，姿容绰约，顾盼生辉。少年大惊，微呼一声，再视已渺。归家后，以为奇遇，一心向善，佣雇奉母以终。一生不为苟且事，未始非遇神所感也。

蛟 河 县

拉法砬子山

在京图路拉法驿北三里许，有拉法砬子山，群峰峥嵘，高入云霄。相传明末清初，有济小唐者在该山顶洞中修炼。有谓彼捉拿山下泡内鱼精后，即由此飞升而成仙。数十年前，尚有石质棋子、棋盘，石上并留有济仙足迹。该处土人用山以卜雨雪之兆：每当天雨或雪，则最高峰为云遮盖，俗称北大砬戴帽矣。

康大蜡山

位于县城西南百里许，峰高而峭。俗传昏黑之夜，山上放光，如燃蜡焉。

敦 化 县

维新村　二头蛇

距县城正西五十里，有一山，名"三台"。附近住户张宏德者，于光绪十年，在该山间视一蛇二头，归家不数日，于左食指生疔，数月始愈。是年冬，其兄宏悦赴吉林省城办事，寓于二道码头某客栈，见该店有四位风鉴先生，当即请问该山一蛇二头之事。其中一人云："视其蛇者，必有灾难。"答曰："果然。"后又问："该山有何贵？"某曰"此山必有五泉，下有三台。距该山不过六十里许，定有江河绕之，且能安官立县"云云。宏悦返家，传于邻里，并至山岭勘察情形，果如所言。据近山老人云：视其山有雾时，必系降雨之兆也。

威虎岭村　蜈蚣砬子

距该村集团三公里，有一山名蜈蚣砬子，高五百米。村人言砬顶有二洞，内居二仙蛇，常出显灵。每雨之前一日，必有白云遮于山顶，村民即知天将雨矣。

大石头村　驼腰子庙

位于大桥东八里地之驼腰子，有关帝庙一座，虽系茅葺，但各神像甚备。于"康德"六年，因治安关系，各民户受命集团而居。适有日军经过该庙，恐被匪人利用，欲焚毁之。遂注石油于庙顶，继而举火数次，皆未燃。日军奇之，乃止。该晚忽有匪人来袭，遂开枪击之，竟夜不安。次晨视之，并无一匪，亦云奇矣。

敦化街　黑鱼洞

郑家屯之北有小石河，其水最深处约数丈。相传此河内有二黑鱼精，每于阴雨之时，则见有二黑龙出现，天霁，即隐匿不见。每年遇有大旱之时，民众则群往其处，焚香顶礼，祈赐甘霖，不逾数日必降雨。屡验不爽。

沙河村　虎头山

距村北二里有奇，一山名虎头山。相传昔有一虎，曾出没该地，故名。山上有狐仙庙一座，附近一般巫婆以此庙之仙附身为名，愚弄一般乡民。当数十年前，该地求雨谢神时，由地方人集款唱戏，一时男女云集。一日，忽有二妙龄女观戏，其容貌之清雅，异于常人。当散戏归途时，有轻薄二少年尾追其后。二女顺路直趋虎头山，及至山顶，则杳然不见。二少年睹状大惊，遂奔回，为言其事，乡民均谓系狐仙所化也。

桦　甸　县

蛤蟆山

常山屯东南隅一里余，有一巨石曰蛤蟆石，状似蛤蟆。其地沿河，每至春秋之时，蛤蟆最多。及夜间，鸣声远震四野。居民屡至捕拿未获，殊属异事焉。

磐　石　县

三朋砬村　红石砬　灵山

三朋砬村拐子炕屯西北，有红石砬山一座，乡称灵山。该山有一洞，相传古有神怪，往来其间。每于阴雨之先，有朵云一片，疑似有神在内。如斯则非阴即雨。倘见该云发现，无一不验。

伊　通　县

靠山村　黑鱼泡

距太平沟四里有一水泡。相传清时，内有无数大黑鱼，日久得天地之灵气，成为精灵。一日，有王某采薪于泡畔，力疲神倦，息树荫下。忽闻泡内乐声大作，跃出无数黑面大汉，设香酒于南岸。未几，人群中拥出一男一女，列席前举行婚礼。正人声嘈杂时，伊喉中发痒，失声微咳，则南岸之举行婚礼者，纷纷跃入泡内。伊惊归家，约邻人往观之。则见泡中浮一约五尺长大黑鱼之尸，头已切断。盖因其为泡中之司更者，失于检点，致触主人之怒，而处以死刑也。后数日，复有人见由泡畔出一御二骡小车，投向西南，其行若飞，追之无及，仅于泡边留有车马之踪迹耳。

叶赫村　过阴

叶赫镇西屯有一吴姓老妇，年已六十，身染重病，医药无效，生命不保，儿女悲泣，家人对于身后棺殓冥器等，准备完竣。突闻人言："本镇南五里泉眼沟屯，有李姓现充冥中差使俗曰活机角，有起死回生之术。"于是，请李某至家中求为诊治。李云："此病沈重，须往冥府查看。"语讫，李已往阴府去矣，立即四肢僵卧，状如死去。隔时清醒，众人怪而问之。李云："在野外林中，遇二鬼痛责一老妇，即汝家之母，言其前欠债不还。经我恳求，许于明日偿还之。汝等速将佛表纸若干，印以三宝之证焚之。"后病果愈。迄今数载，吴妇尚健在焉。

县城街　三眼井内之白羊

伊通街城中有一古井，盖系三眼。相传每当阴夜，即见从井中出一洁白之羊，由大街往来缓步行走。倘遇行人，即变为一白衣女子，面墙而立，自后观之，身材颇窈窕。某夕，有一醉汉夜行，正遇此羊变女，面墙而立。醉汉乘其醉胆，攀其肩，而吻其颊。彼女转面一顾，醉汉惊倒，不省人事。翌晨，行人将醉汉救醒，问其故。醉汉述其经过，并谓彼女怪之丑恶，实不可以言喻也。

伊通街　城隍之显灵

伊通街内有城隍庙一座。相传清时，道士每晨进以盥具，取时见其水发浑，宛似常人洗毕，知为城隍夫妇盥漱也。又每晚，由道士将寝殿之被褥铺放，晨往则见被褥凌乱不堪。众人均以道士诚实，故多信之。其后，某人欲究其实在，宿于庙中，以观其变。彼正在院中静坐，忽闻正殿中，鞭挞声、讯问声、囚者告饶声、供诉声相并而起，惊堂木则丁丁然，至四更时，始寂然无闻。某惊吓异常，毛骨悚然，不及天明而遁。现在寝殿前石阶上有石穴，如妇女脚印，传为城隍夫人显灵，夜半外出所踏者。至今犹传为灵异也。

关帝显圣

当清同治四年十二月二十三日，有匪首马傻子率匪八百余，破伊通州街，声势汹汹，进街未留，遽向营城子逃去。其时有人避至西关帝庙马殿内，及匪去某出，则见泥马汗流如洗，以为奇事，究不知所以。嗣后，匪至营城子，始述进街时，正在焚烧抢掠之际，忽见街西有红面大汉，率兵若干，蜂拥攻来，一时慌惧，仓猝遁去。传说之下，一般民众始知泥马之出汗，系关武缪显圣，保佑百姓云。

伊通街　神树

县城河北道旁，有古树一株，枝柯蟠曲，围以砖墙，人均称为神树。传云树生年久远，颇有神迹。当清同治四年十二月二十三日，大股匪首马傻子，率匪八百余破街，将巡检、佐领两衙门焚毁，于街中未敢停留，当日即逃向营城子一带，所以街内受害尚轻。后闻匪人自谈，原拟在街中搜索财物，忽见河北官兵漫山遍野，一时慌惧，仓猝逃去。人民以为神树显灵，集资建砖墙绕护，立庙树下，祭祀报德。至今尚苍翠兀立，不稍损坏。

大孤家子　大力王五

前清中叶，屯中有农人王五者，力大超于常人，能负小米一石二斗，重约五百斤。据屯中老人云：某日王五在路上拣粪，拾得粳米一袋，约四斗，重二百斤，遂即挟于肋下，势如无物，仍然持箕拣粪如常。日晚回家，始将米袋放下。

哈福村　金马驹

刘家屯之西，有塔子山一座。相传明时，山巅有一古塔，建筑年代无考，至清初颓塌。当塔颓倒时，砖石崩出二里许，于是有"塔倒二里半，真龙才发现"之谣。同时又有一金马驹奔出，抵山麓甄姓家饮水。该家人夫即群起围捕未获，仅得辔头，乃系纯金所制，甄姓因之渐富。现在只有塔基砖石存在，金马不知逃至何处，而甄姓亦不知迁移何所矣。

孙家台　狐仙

大南屯南土别岭，住户有孙成五者，民国初年，在孙家南沟采猎，见一狐，持枪击之。忽闻西北有人喊之声，趋前视之，见老叟背一箬篓箱，向孙某云："汝何以向人开枪耶？"孙曰："我未击人。"叟曰："汝既未击人，何以击我？"孙曰："吾击狐也。"叟曰："汝既击狐，何为迳向人身射击耶？"孙曰："否。"叟曰："如不信，汝试观此箱。"孙某一视，果然贯穿一洞。叟劝曰："君以后勿击狐，可也？"孙曰："吾自此不击狐矣。"又问叟居何处。叟曰："我居于孙家台南沟。"言讫，叟飘然而去。后孙成五至该处询问，并无其人，方知为狐仙化身云。

狐仙显灵

相传清光绪二十六年秋，适值庚子之乱，逃兵到处焚烧掳掠，不堪其苦。大南屯适当其冲，急无救援，仅商民拼命自卫，暂保旦夕而已。逃兵至街外，攻甚急；抗战者仅有益丰泉三、五商号，使用旧式洋炮御之。时弹粒已将用尽，药亦无多，仅以碎钉碎锅铁，装枪中放射，死守不去。贼用大炮轰击，着弹之处，墙屋倾倒，势甚危，贼以为必能胜利。时街内亦渐不支。正酣战间，俄见城墙上穿红衣戴红缨帽之官军无数，不知何来，疑自天降。继闻炮声震天，贼兵纷纷落马，于是贼大惧，相呼遁去，因是城赖以不破。贼逃后，获有负伤者问之，始知其故，而街内并未见有救兵，疑有神助。惊喜之际，闻有声暗呼曰：吾胡某也，不忍满城百姓涂炭，略施小术，救尔众生，尔等不必着惊也。

北官山　蛇神

叶赫镇有北官山一座，少树多石。相传山之阳，怪石耸立，俗曰"王八炕"，内有巨蛇，粗若碗口，长数丈。惟每届端午出现，卧于石上，注视各处，不畏人畜，人因之称为蛇神。以是每日求药者，大有人在，求者均持碗遮布，向石叩头即得。然后再持碗至山下河边，解除红布，碗内即现出红色药末。用水调饮，能医各种毒症。如病者虔心求之，即愈，可谓神矣。

鬼市

伊丹乡南泡子沿，农民赵恩，年五十，一日赴伊丹乡街赶集，因事务繁忙，夜半方还。路经三道岗子，忽见有无数小人，蹿前跳后。赵某大惊，魂魄若失，且奔且以钱褡击之。跑至岗下近屯处，大呼求救。屯人闻之均出，有用洋炮击射者，小人闻声始散去。据云该处系鬼市，故小鬼时常出现云。

双 阳 县

王秉仁

王秉仁少年悟道，屡欲西往朝佛，尝语人曰："吾睹芸芸众生，均在罪孽中度生活，何日能脱离苦海，而登彼岸哉！"又云："人若能诚心修炼，何愁不飞腾而升天界乎！昔者达摩面壁九年，而能只身西归，但视人心之诚与不诚耳。"后于民国十年十一月十一日晚，秉仁夜梦一佛云："吾系西地长安水靖都督所供养者〔6〕，因其大开杀戒，吾不忍睹，屡戒不悛，此自作孽不可活，后必招天谴。知尔敬佛，故飞来尔处。尔速沐浴焚香迎吾，吾必佑尔。尔明日至伊勒们站朱士海家迎吾可也。"翌日及至士海家，见此佛巍然而放金光矣。并有铜炉一具，炉为大明宣德年制，粗六寸，高三寸五分。佛高一尺八寸，重三十六斤。及询诸士海，据云：斯夜风雪骤至，墨云四合，狂风卷砂石，撼树木，门窗为之震动。及雪止风息，则见此铜佛与明炉俱在外室之祖先堂上，端坐放光云。秉仁乃迎此铜佛与炉至山上。至今，其妻王老太太仍照常供养，香火不绝。

烧锅村　黑鱼

本村北部有一池。昔道光年间，有巨鱼一，色黑，时出没其中，又时现于水面，有时喷云吐雾，或使池水涨高数丈如壁，人皆奇之，莫敢近焉。光绪年间，因饮马河偶涨洪水，竟将此池冲为河身，而此黑鱼亦由饮马河游于他处矣。

新安村　青龙寺

村公所之西八里，有庙名青龙寺。相传此庙建设之原因，系古代以乌龙泉之泉眼时有乌龙现形，即洪水泛滥，村民屡受其害。经众公议，建庙一座，定名为青龙寺，以镇压之，后果无洪水之患。据附近居民谈称，该寺颇有灵验。

新安村　牛头山

村东七里，有山名牛头，山上建有兴隆寺一座，正殿塑周昌、关平二将之坐像。相传清代吉林将军鄂托，私自设立"牛具银子税"。时有赵八乡正者，欲为民除害，乃晋京递御状，被鄂托知觉，追之不及。讵该乡正至京后，屡状不伸，愁闷非常。一日，闲步至关帝庙，因见周昌、关平二将军侍立于侧，乃拜祷曰："如保佑御状准时，归里后，许以建筑庙宇，塑二神之坐像。"再状果准。"牛具银子税"不惟除掉，而鄂托亦革职焉。因感二神之德，践言履行。其坐像迄今巍然尚在。

老道洞

柳树河子南山，名曰大砬子山，山巅有一古洞，名为老道洞。相传清同治年间，有韩老道在此修行，不知所终。附近老人云：在风雨之先，其洞口云雾如盖，则知天不降雨即刮风矣。

县属四区　元宝山

奢岭口子镇西二里许元宝山山麓，有王氏坟茔一处，故又称为王宝山。据附近乡人谈：于数十年前，往往于夜间闻山中有马鸣，寻之不见。自葬坟之后，该坟主即暴贵有做京官者。嗣因待遇堪舆即看茔地者简慢，为其施术破坏，此后即不闻马鸣，而坟主亦立见衰落矣。此与永吉县殿家坟之传说雷同。

二道弯村　小龙王庙

本村东北，小龙王庙屯南七里，山名贺家顶子。山顶有小庙一座，夜间遇有放光之时，屯人即言行将下雨，时或验之。

九　台　县

佛像乘车

清乾隆十一年夏，某牛车行经德惠二区鸿盛东处，遇三女于途，遂求登车。

同行至三道沟屯西头，三女下车，感谢不已。时天方热，三女憩于树下，审视之，已变为三尊佛像矣。经屯人盖土庙于树下，远近争来祈祷，均谓庙有灵焉。迨至乾隆十八年，翻修大庙，始将三佛请入奉祀。香火至今犹盛。

加工河村　水上二老

清时，在屯东有一巨泡，深不可测，每逢阴雾，有二老者坐于水面，作相向饮酒状。咸丰年间，涨大水二次，全屯淹没，有人见二老随浪逐波而下。自是该泡淤浅，再遇阴雾亦不复见矣。

加工河村　大顶山

加工河村西有大顶山，为本村最高者，邻山人民恒以此山为晴雨之标准。如晴日，此山有雾气笼罩，不久必雨。虽久雨不晴，此山之雾气忽消，天必速晴。屡验不差。

古城显现

数十年前，双庙子街曾有汉医白某，年近花甲。于某年除夕，街北十里许李家城子张家小儿病重，请彼诊治。至夜间接神之际，仍未归家，家人念之，及鸡鸣方归。据云："于张家晚饭后，即就归途。于途中忽见一古城，夜市繁华，遂入游览一周。及抵城外，则见田禾丛丛，心甚疑之，故拔一高粱，以作纪念。现放于家中门后。"家人取视之，乃一古时生锈之战刀。均云此系古城之显现也。

上河湾村

上河湾村董家屯东，有一大山，上有一石砬子。在清代初年，相传有一石虎，其虎醒五十年，睡五十年。若醒时，其石必白，则屯必盛；若睡时，其石必黑，则屯必衰。传至现今，尚有信之者。

银矿山　狐仙洞

银矿山内，半山坡外，有一石洞，深二丈余，内有石桌石凳。每于天气清明，居民男女老幼均来此洞讨药。咸谓此洞内有狐仙，施药治病，并多有医好者。故洞前匾额，为之云集。

加工河村　张萨玛

相传张萨玛在该屯兴盛之时，颇为一般乡民所信仰。后被官府禁制，解送吉林府。当堂审询："汝有何神？果有灵乎？可当堂试之，否则必科之以罪。"张诺，遂婆娑作跳舞状，旋由空中飞来皮鼓一面，腰铃一串，在堂中击鼓摆铃，跳舞不已。复取药品多种，多时乃止。后遂许其作巫医云。

太平村　鸡鸣山

太平村公所所在地，名鸡鸣山，西临雾开河，有土岗，自东蜿蜒来此而止。鸡鸣山屯系在岗上。相传昔有怪鸡，每朝夕即鸣于山上，居人只能闻其声，而不能见其形，因以为屯名焉。

郭家店

本处土人传称：端午节之夜间，将自己所盖被之下脚拆开，其中必有长发一二根。将其取出，置于显微镜下观之，则发立变为细虫，蠢蠢而动云。

舍岭村　石狮逃亡

舍岭村境内西尤屯，有古庙一座，门旁有一石刻狮子。据土人传说：该庙昔时并无石狮。宣统元年，松花江大水，由水中冲来二石狮，沉于庙门两旁。水消后，即留于地上。后某年某夜，守庙道士忽见二石狮在门前跃跃欲动。正惊讶之际，忽由庙殿中奔出一大汉，手持大刀，向石狮奔去。跑至门外，举刀向石狮砍下，左边石狮骤尔御风逃走，右边石狮未及逃去，已被一刀砍伤左胯，血流如注，僵不能行，而持刀之人忽然不见。故庙旁只余石狮一只。至今行路者至该屯时，多往观之。验看石狮左胯，果有红色一片，形如血迹，远望之尤真。

舍岭村　二龙山

（跑）〔距〕舍岭村南三里许，有山曰二龙山。据近山老人云：此山有山雉与蛇，时常争斗。故一般当地人民均认为宝地，多在山下埋葬坟墓云。

卢屯村　尖山子

尖山子乃耸然独立者，高约三里许。其上昔有一泉，泉中有铁链一，有水少许。其水时流至易家小康之家地内，（面）〔而〕易家以为不祥，屡厌此水之流下，于是钉以木桩于尖山上，以土填之。此后，泉中流红水数日，而永不流，易家亦因之穷困。据乡人传云：该泉有某神物，锁以铁链。迨彼钉木桩后，神物因之而死，故易家富有亦不保矣。

头道沟　观音庙

头道沟屯之东，有观音庙一座。据闻修此庙时，因九台街有真武庙，其神像手指头道沟屯，是以屯中每天必死一人。后村民连死十数人，皆大恐慌，聘请风鉴家识明原委，修成此庙，始克免祸云。

阴阳界

相传昔时，前徐大坡屯之东，有阴阳界，每至夜晚，在该界内，群众相集，人马牲畜皆备。其人戴红缨帽，来往喧哗，呼喊贸易，如集市然。待天将明，则寂然无闻矣。至今深夜时，本地人皆不敢通行，亦无敢在该处建筑房舍者。

二道沟屯　骆驼石

二道沟屯之东北，有山曰骆驼石。山间怪石罗列，中有巨石，形如骆驼，鞍峰对峙，头尾皆无。相传清初，该石系一全形大骆驼，曾于盛夏夜间，潜入民田，啮食禾苗。后为雷电击碎，头颈尾足，崩落四周。因年久消蚀，皆失其形象，仅存腰部，形状颇肖。至今遗迹尚存。

梨树湾子村　桦树泡

梨树湾子村南半里许有一泡，泡沿有桦树一株，故名"桦树泡"。相传泡内有黑鱼精，常变人形。泡西有高姓者，每开门时，见树影射入缸内，恶其不祥，乃伐之。见锯口流血不止，人已昏迷，伐数次树倒，厥后家败人亡，黑鱼精自是不见。村东有董姓者，曾赴北平，在珠宝胡同买物。询之铺主姓氏，自云姓黑，居吉林北梨树湾子村南桦树泡处，当烦董某捎书一封。董归来，至村南桦树泡前，则见新房五间，殊华美。询之，果姓黑。进内将书交其家人。方出门，则房舍已杳，奇之。遍询村人，并无黑姓，方知黑鱼精之显灵也。后清咸丰六年，涨大水，此泡已改河道。现在四屯乞雨者，至该处祈祷，颇验。

升阳村　卧牛山

距村东北八里之遥，有山曰"卧牛山"。山不甚高，遥望之如牛卧眠，故名。卧牛山又名"土牛山"，山上有关帝庙。相传此山与隔河之大青咀山对峙，术士谓二山有龙凤之气，乃建庙以镇压之。当建庙之初，闻如牛鸣者，三日夜始止。

二道咀子　栖凤山

东南数里有一山，名曰栖凤山，不甚高峻，现均辟为农田。传云：此山向为平地，忽数日间，凸出一丘，逐渐增长，数年之间，绵延数里，有一凤凰翔鸣栖此。值一湖南人游此，谓该山秀气旺盛，于附近屯中，将来能生一后妃。土人无知，恐有他故，亟请南人设法破坏之。遂于山头立庙以镇之。庙立之后，而此山增长辄止矣。

团山子　河神留木

江东团山子，南面临江，水势湍激，俗名为"河神府"。于民国五年夏季，有战姓者，由吉林运栋梁木料。行至该处，大木被水横流，沉没于此。捞取之，踪影不见。土人均谓为河神留用，建造河神府云。

长 春 县

五大村　老哼

五大户之南十二里，有苇塘焉，水中不知为何物，只闻其声，未见其形。每届春季，冰雪融化，早晚则哼哼四五声，其声大可达十余里，至结冰时乃止。据该村老人传云：此哼哼之声，自古有之，以至现今。如闻连哼哼之声，天必降雨；时哼哼时止，天必快晴。如遇多雨之年，则哼哼不止。故人称之为"老哼哼"云。

怀 德 县

城隍

民国初年，有缉私队排长马某，比邻城隍庙赁屋而居。常于夜静，闻城隍殿有劈拍窸窣铁锁铿锵之声，初甚惊谔，久亦相安。会马某患病，缠绵床褥，医药罔效，家人不知所（指）〔措〕。一夜，马某才就枕，忽见一官人入，冠旒红裳，状甚威严，就床前而言曰："某，城隍也。余之居处，本清净地，曷汝妻卤莽，竟屡将秽物抛遗墙内，不知悛悔，以致祟尔以病。如能速为我扫除，则病当愈矣。"言已不见。马某惊极而醒，始知一梦，然城隍所语者，犹历历在耳。翌日，佣工清扫，院落一新。并虔心祈祷，恕往愆尤。未几，果霍然。于是晨昏礼拜，乃益信服，传之远近，莫不称异焉。

扶 余 县

五家站村　关帝显圣

事变前，各地土匪猖獗，民不聊生，受其蹂躏者，不知凡几。有匪首小白龙者，出没境内，为害尤甚。一夕，趁五家站驻在军出发之际，拟一举而破镇。甫抵镇东半里许，见一赤颜伟丈夫，跃马横刀，迎于东门之外，匪惊惧而遁，镇中安全，赖以保障焉。迄今，村民俱以为关帝显圣也。

珠山村　明灯

相传某年大水，二十三号屯被水淹没，人畜家屋，损害颇巨。当水未至前，屯民某氏于宅中纳凉，偶见庭外山顶有明灯一盏，光华闪烁，形似火球，照耀数里。某氏骤萌好奇之心，乃趋往观之，以明真相。不料甫至山麓，而水暴发，波涛汹涌，声若巨雷。某氏于惊骇之余，急登山顶，回首遥望，全屯已变为泽国，而男女老幼，随波逐浪，呼号求救之声，惨不忍闻。据云：某氏事母至孝，性行纯厚，素为村人所景仰者。此次得免于难，乃孝行感动于天，岂偶然哉！

八家村属　陨石

中世屯庙中，有陨石一块。传系坠自天空，僧人拾归庙中，奉之如神。石上有一穴，中存清水，终年不干，虽苦旱亦然，附近奇之。

大洼村属　蛇神庙

蛇神庙，为李家荒屯民最崇信者。于数十年前，庙后有老榆一株，虽高不盈丈，而权丫茂盛，干围可数抱，中有一孔，虽炎夏酷暑，其中常结冰霜，经岁不化，屯民异之。一日，有好奇者往而窥之，见有一蛇，由孔中翘首外望，头如巨碗，两目炯炯发光，屯民惊骇而逃，然未闻其有害于人畜也。后遇大旱，好事者往祷其树，不日，甘霖沛降。嗣后，每逢旱年，屯民辄往祷之，无不应验。于是在树前筑庙以祀之。迄今香火犹盛焉。

八家村两家子屯　护国寺

屯东口有护国寺，乃前清之遗物也。据传该寺初建时，颇具灵验，无论为事为签，或因病许愿，十求九应。以故一般善男信女，多为布施修缮，一时香火大盛。迨至民国以来，地方不靖，胡匪横行，游人敛迹，香火锐减，加以经营无人，狼狈不堪。现仅有老迈一对僧姑看守，度其清贫生活而已。

扶余街　神马

县城南门外关帝庙，传由沙中刮出者，庙貌辉煌，神像庄严。每年于旧历五月十三日，有关帝出巡之举。是日晨，忽由松花江南岸驰来神马二匹，随于神驾之后，任人牵走，不食不饮。嗣神驾返庙，即不知所往。庚子乱后，乃不复见矣。

伯都讷村　班德士屯　土祠

班德士屯西南有土祠。传于百年前，有一道长云游来此，瞥见西方有一长蛇，盘兔相戏。道长乃赴各地募金，建祠于所记之处。祠落成后，道长即辞去。后每逢旱年，该屯民即齐集祠前，焚香跪拜祈雨，霎时天际油然作云，沛然降雨。相沿迄今，计求雨三十余次，无不验者。

社里站村　神泉

社里站两山下，有泉眼一，其深莫测。每逢大旱时，乡民辄以锹锄等农具投泉中搅水，则天际生云，翻腾空中，三日内必降甘雨。相沿至今，每遇乾旱，该站住民即结队各持农具，前往祈雨。实为灵异之遗迹也。

大洼村属　龙沟

陈家荒屯，于民国四年四月间，天忽变阴，大雨倾盆，狂风怒号，几疑天地变动。雨后归来，本屯农民刘永才已故，面色怆惶，精神异常，自谓腿部为龙爪出五孔，鲜血淋漓。并述当降雨之际，耕作于屯南田间，同时行路者，统为风雨中之龙捉起高约五十余丈之天空中。龙旋自落平地，将地串成巨沟。屯人争往观之，果有大沟出现，长约十余丈，深约三尺，有新土掘出。其沟至今犹存焉。

伯都讷村　伯都讷古城

县城北12·5粁，有城之遗迹，名曰伯都讷古城。清初，设伯都讷厅于讷尔浑河之野，土城当建于其时，周围里许。拟建新城于此，将四址测定后，不料一夜狂风，将四址标桩刮至今县城所在地，同时并刮出巍大之关帝庙一座。后经地方人等加以修筑，颇为雄壮。因以遗下"风刮新城"之神话云。

大洼村　铜佛

本村口有关帝庙一所，内奉铜佛一尊，高一尺二寸。铜质既佳，铸工亦精，询属古物也。相传曾有人窃取之者，甫经至家，其人即头痛难忍，急焚香祷祝，仍送原处，乃愈。

扶余街属　白骨庙

县城北门外有一庙。相传昔时庙内一僧，系幼年出家受戒。自受戒后，一尘不染，万虑皆空，终年苦守庙堂不出，日夜打坐参禅，不饮不食。四五年间，忽肉体上升天界，只遗白骨，仍坐不倒。众弟子以其肉体飞升成佛，乃筑庙祀之，名其庙曰白骨庙。

榆树沟村　怪人

数年前，榆树沟地偶发现一怪人，面黑，身高八尺，臂阔腰圆，沿富厚商农家，请为助工，不取分文。有好事者引至家中，该人则昼夜工作，如推碾拉磨等事，终日不饮不食。有赐饭者，则曰："吾本系上神，因身造重孽，上帝遣吾下界，效力凡间，冤孽期满，吾即归矣。吾所以请助工而不食者，为赎吾罪也。"此事系演义说法，乡人无不知者。

三家村属　狐仙

西三家子屯有古榆一株，二百年前物，高可六尺，干中空，而外有一孔，径约尺许，相传有黑白二狐时时出入。一日，该狐正于炼丹之际谓老狐每于日月将出之际，则跪拜之，同时，由口内出球，大如鸡卵，光辉闪烁，俗称炼丹，适有马姓走过，一时不慎，将臂跌折，医药罔效。一夜梦一神人，白发青衣，自称为树内之狐，手托一丸药，略谓食之即愈也。马猛睁二目，果得药。服之，立闻筋骨齐响，如医之施手术然，不数日即愈。此事遍传远近，每日求药往来，男女乘马坐车，络绎不绝，颇呈一时之盛。后由屯人（据）〔醵〕金筑庙高四尺祀之。该庙与树，今犹并存焉。然其香火之盛，大减昔日矣。

泥鳅鱼

长春岭村之西，夹津沟子屯，有松江支流横贯该屯。两岸居民为交通便利计，曾发起筑桥之举。讵意沟中泥沙深厚，屡修屡倾。一般乡愚乃传有泥鳅鱼作祟云。

娘娘庙

陶赖昭村之南坎上，有庙曰龙凤寺，庙貌甚古。传说庙内之像，系由清康熙时，涨水冲来一木排，上置六尊佛像木质，即今所奉祀者，排木流至此，即自行停止。屯民见之，甚为惊奇，因跪向佛像祈祷曰："贵神如欲留此，待水落时，即行建庙敬祀。"此话甫出，水即见落。屯民即用排木之材料修庙。迨落成，而木已无余，可谓神乎其神矣。庙门上悬匾额，书"龙凤寺"。龙凤二字均缺笔，似道光皇帝之御笔云。

长　岭　县

龙头山

李药铺村公所东北约十五里许，有一龙头山。高约五丈，长约五里，山之头若龙头，其尾向东北蜿蜒，故名"龙头山"。相传昔时山头之左侧有一水潭，清澄净碧，深约数尺，内有莲花一朵，每当夏日，游人甚伙。忽于道光年间，有一南方人经此，云："此处必须筑庙烧窑，人民方能获福。"于是，当地人民于水潭之北岸筑庙一所，潭之南岸掘坑修窑。迨庙与窑竣工后不数日，天忽大雾，行人对面不见，只听山内隆隆作响。约三日许（急）〔忽〕而云消雾散，见潭水已涸，山之南塌一大坑，深约数丈，大榆树一株倒于其中。至今其庙与窑均在，而潭则成苇塘矣。

凤凰岭

太平山村西北约八九里许，有一土岭，曰凤凰岭。居民传言：于草莱初辟之时，有凤凰曾栖于此。故视为极有风水之灵地云。

南泉子　龙母庙

三县堡村管内，黑泉眼屯南二里许有一泉，名南泉子。其水由东南而西北行，无冬无夏，永流不息，俗称为神泉。北有古庙一座，名龙母庙。据乡民传称：其庙灵应素著，乡民如有触犯者，则雨冰雹；如有祈雨者，则沛然下雨。

龙王庙

福庆长村之西六里许，有庙曰龙王庙。据乡老传云：于光绪年间，春旱甚烈，农民忧之。遂聚众铺坛祈雨，肩抬龙驾即供龙王牌位之桌，由人肩负，谓之龙驾，各处行走求雨。讵料于众人跪呼求雨声中，忽见龙驾上盘卧青蛇一头，长约三寸许。农人围观之下，相顾惊异俗以蛇为龙象征，以为精诚所感，遂焚表发愿。龙驾行至某处，青蛇遂在该处失踪，即在彼修筑一龙王庙。现在之庙址，即当日青蛇失踪之处也。

梦中巨人

鲍家烧锅村平字十九号，有于姓叟，当民国五年初建筑村屯时，常发见破砖乱石。一夜，梦有古装巨人，怒目斥其侵占房宅，谓彼倘不退让，必遭恶报。觉来，于叟毫未介意。后于民国十二年，因修缮炮台，又发现石炕，每块系二尺许之板石，并有一巨瓮，已腐朽不堪，其他箭头、铜钱及铜樽，均绿锈斑斑矣。于叟家本殷实，不数年后，灾害频仍，竟家败人亡。其果应梦中巨人之言欤！

洼中高

位长岭县老爷庙之极东，与农安毗连，有一极大之水泡，广袤各三十里，立其中四望皆低，因以为名焉。据故老相传：于明代时，该泡子曾旱为陆地，遍地生白菜，约计数千垧，翌年大旱不雨。至清代时，该泡子复旱为陆地，遍地生青麻，翌年复大旱。及"康德"五年，再度旱为陆地，遍地又生青麻四百垧。乡老予知于"康德"六年度，将有大旱不雨之现象。及至是年春夏两季，洼中高附近一带，果旱干矣。

乾 安 县

十二所屯　胡仙显圣

十二所屯西南有一胡仙堂，塑有胡三太爷之像。"大同元年"，有大帮匪徒围攻该屯。匪由他屯运取木梯，及至屯前，置短墙下小憩。复欲搭梯登墙，数人抬之不动。复举首四望，则见屯之墙围上，有守兵无数，遂遁去。据乡人传说：该屯所以获全者，胡仙之功也。人既以为有灵，于是烧香祈祷者相继不绝。患病者，则持净碗，盖红布，虔诚祷告。逾时往取之，则见中有灰白之药末。患者食之，亦奏效焉。

木头营子村　鄂博神

"鄂博"即"敖包"，蒙人每多以土阜称为敖包。"康德"四年夏，旱甚，人民望雨情殷，苦无法。有蒙人某云："村南二里许，有鄂博焉，有求必应。"村人乃集鄂博前焚香叩祈，约二时许，天果降雨。村人至今仍信赖焉。

让字村　狼死绝地

让字井屯内后街路西第一所房，三年前已拆去。乡人传云：当建筑该房时，工人捉一活狼，吊于梁上，生剥其皮。后该房历住谭、娄、解、郭等数姓，非亡人口，即死伤骡马，向无一姓不遭巨殃者。如是四五年间，该房遂成空宅，无敢住者。乡人皆谓乃验"狼死绝地"之语矣。今其遗址，颓垣废墙，依稀可考。

道字村　水泉

该村公所西四里有一水泉，水流潺潺，虽严冬亦不冻。阴雨或大雾之际，从泉眼现出莲花二朵，雨止雾散，莲亦消失。传云：自一孕妇往视后，虽雨天下雾之际，莲亦不见矣。

农 安 县

隆安塔

县城西端有塔耸立，名曰"隆安"，高约十数丈，惟乏顶尖，塔身若裂，每夜坠瓦。据云：塔内藏一金马驹，有贪财者欲索之，以牛数十头，粗若木棒之绳系塔尖而曳之。约三日，神风大作，雷声震耳，猛然塔尖落地，滚滚不停，直入伊通河内。由此塔裂尖秃，夜夜坠瓦云。

二道沟保　圣水泉

靠山屯之东北十二里有一圣水泉，潺潺东流，清冽可口，饮者顿觉爽快，故称为圣水。

德 惠 县

天台村　神龟

相传董树屯有董某者，好嗜酒，常捕鱼于村东之大坑。坑阔八尺余，深五尺，村民争相捕鱼。他人捕获无几，而彼独得极多，以故家渐小康。人或问其故，董曰："仆每饮酒，即有一青衣老翁必来对饮。日久，老翁自言曰：'仆非人，乃龟神也。因（履）〔屡〕饮君酒，无以为报，略助君捕鱼可耳。'"一日，老翁又至，董某知其非人，即生厌恶之心，不似已往之恳切相待。老翁窥知其意，乃与董某言曰："今当与君久别矣。"倏而形影不见。家人惊讶，遂相传不止，而董某家道复趋于贫穷矣。

松花江村　神树

松花江村管界内，龙王庙子屯西山上，有古树一株，甚奇。树间生有似人头之一木疙瘩，当春夏之间，枝叶茂盛。相传此树生于明时。迨光绪二十六年，日俄战役，俄人来此，闻此树奇异，乃持斧锯砍伐，见有鲜血流出，顷时砍树者，尽皆晕倒，因之称为神树。一般乡民多来此焚香，祈福求佑。近又传说：在前十年，树之阴影曾映照至南方五十余里王姓家之水缸内。现在此树仍存，枝叶繁茂如昔云。

松花江村　神山

第三区松花江村有宝泉山。据云山上有汗毛子，居于穴中。彼一出，天必降雨，否则天即晴亮。

刘家村　龙母庙

相传娄家窝堡屯，昔有李姓妇人感异气，产一龙，吃乳时，则以尾盘母腰。其夫恶之，以斧砍之，断其尾，立即雷雹大作，破屋而去，故人谓之秃尾巴老李。其后，此龙常归家探母，必雨雹，村人则曰秃尾巴老李归家矣。其母殁后，村人为其母建祠以祀之，名曰"龙母庙"。每年春夏之交，则演戏以祷其母，令其子勿雨冰雹，年成可以丰收。相沿成例，故临近民户，每年春必于龙母庙前，演戏一次焉。

大房身村　神泉

距大房身村东南二里许，有一村，曰暖泉。据传该村原有旺泉一眼，冬夏常流，不封不冻。后本村住户周某，家财极富，嫌其泉水旺盛，散漫流行，往来不便，乃用铁锅将泉眼尽行掩盖，水遂不复出，而周姓之家道亦随之衰败矣。当泉水旺盛，周姓大发其财时，常于夏季之晨，由该泉中放散云雾，南达东洋草沟。旺水泉子长约四里，宽有二里，传云乃泉内有鳅鱼使之也。每逢旱魃为患之年，祈雨者络绎不绝，宰猪燃炮，跪拜祈祷，每祷无不验。并谓祈祷时，设有投石块或土块者，必随雨降下冰雹，屡试屡验。故当地人名该二泉曰"神泉"。现东洋草沟泉子仍存在如常。惟暖泉子已不见水流之旺，仅有神泉之名矣。

松花江村　罗圈坨

罗圈坨，相传为清嘉庆二十五年之所命名。坨颠如馒首状，每当天高气爽、月白风清之时，登其最高处，放目远眺，形似一大罗圈，附近更现出无数之小罗圈，疑为人工所造者。据该处乡人云：罗圈如不现形时，则必有大雨淋漓矣。

达家沟村　雹道

放牛窝堡屯、杏山堡屯、兄旮角屯一带地方，从前屡遭巨雹之害。其起点始于河西娄家窝堡屯，而终于江东舒兰之老黑沟，据云系秃尾巴老李龙神出游必经之道。娄家窝堡人苦其害，为立庙奉祀，庙今尚存。每年于其庙前演戏三五日，则雹害即无；否则老李一怒而雨冰雹，田苗禾稼无余株矣。

五台村　神木

五台村石头稍屯，地靠木石河。于宣统元年，河水涨发，居民有唐姓兄弟二人，至河边捞拾漂来之枯木。忽见一巨木，由上流漂下，其兄脱衣跃入水中，翻身骑木上，细视之，乃似龙形，大骇。遂向弟语曰："余骑龙王，罪当死，汝可善事老母。"语甫毕，龙身一翻，将其抛于岸上。斯时臀部之表皮，尽被剥去云。

舒　兰　县

县属二区　亮甲山

亮甲山，原名"卡萨里""满洲"译，山脉起伏，峰峦重出，巉岩峭壁，形成物象。山之南，有一石台，平滑如镜，面积约二十平方米。据近山老人云：当金与宋对峙时，宋将岳武穆率兵北上，行至此山，适值天雨，遂屯驻军马避雨。此台即武穆拴马晾盔甲处也。石台之上，曾有半规形痕迹二：脚印及立枪印各一，相传即临行时上马之遗迹也。故称此台为晾甲台，山亦因名而名之为亮甲山。

凤凰山

溪浪河镇南八里许，有山名曰凤凰。据近村老人云：唐朝薛仁贵东征时，兵抵奉天省盖平县凤凰山，入地穴取凤凰蛋，将凤凰惊起，飞过此山，单足落于玉皇阁前石上，并有凤凰爪迹可寻现石已没沉地中，故名。

龙母庙

大东沟屯后有小山，山顶有古石寺一座建筑年月不详，内供龙母之神像，即龙王秃尾巴老李之生身母也。相传李老太太原籍山东，怀孕年余，生子乃龙形，母视其非人，恶之，以菜刀砍去其尾，龙则腾空驾雾而去。日后倘遇天降暴雨冰雹时，即曰龙王秃尾巴老李来探母矣。农家遂以菜刀投掷天井中，风雨立止。真耶？伪耶？实不能详也。

县属六区　金马川

据当地住民传说：在金马桥处之小河中，曩昔曾有金马驹出现，故其河曰"金马河"，地名曰"金马驹子沟"。后经官府赋税，定为川字一、二、三之别，故更名为"金马川"。

寡妇求雨

距大东沟屯二里许，有土顶子龙王庙一座。相传于道光末年，久旱不雨，田苗枯槁，居民屡次求雨不得。是时，有年逾五旬之寡妇三人，同心合意，斋戒沐浴，虔诚祈祷于龙王庙。霎时阴云密布，大雨滂沱，佥谓是诚所感。至今犹传为佳话也。

榆 树 县

红石砬

五棵树东临松花江，溯流而上二十满里，左岸有名红石者。该地红色，怪石林立，如锯齿状。近年来，每当春季，辄由石孔中施舍各种丸散成药，以救济贫病者。据求药者云：无论何等重病，心诚，则求必得药，病必愈。否则，不但药不可得，且病必加剧。甚有碗内满盛红黑水者按：求药方法，须用茶碗一枚，置于石孔之前，数小时后，取之，不解其意所在。以上之事，屡验不爽，想亦天公好善之表现欤。

弓棚村　圣水泉

弓棚村街东有荒甸一片，本为村民之牧场。于民国初年，在牧场之北坡，突出水泉一眼，水势滔滔，清凉可饮，其味甘。适有病者，行经该处，饮此水后，病即霍然痊愈。于是，邻近居民咸以此水有灵，遂争取此水以治病，颇有效。乃于泉旁建庙，并悬额结彩，以示圣水之灵。至今其庙尚存焉。

吊水漏子

秀水甸子东南七里许，有村曰"吊水漏子"。村南有小溪，水自东来，至村之西南，北折而西流，水湾之处，南岸高陡，北岸低下，水深不见底。百年前，其地荒僻，向为樵采捕鱼之所。某日，有渔翁垂钓南岸，丝动举杆，得一小龟，背纹清晰，光可鉴影，翁疑为神，取放溪中。复垂竿，及再举，仍为龟，较大于前，如是者至十二举，龟大如箕。翁恐，急持竿他去。行未五步，忽闻隆隆震耳，回首视之，所坐处已陷成陡坡。经年后，形成水漏。后有居者，即以此名其屯。

闵家屯

古人传云：大将怕犯地名。如三国时，蜀帅庞统之于落凤坡阵亡，统号

72

凤雏；清僧科尔沁亲王之于骆王庄丧身，骆、落音同，皆是也。据乡老传言：清光绪二十六年，庚子拳匪乱后，莦莩遍地。有剧匪首领名王洛七者，集流亡千余名，为害地方。某日，拟犯县城，行抵闵家屯，问以屯名，土人因不读书，所道字音多不真切，误答为"抿将屯"。该匪首惊谓其下曰："余犯地名矣，恐不利。"盖"闵""抿"同音，闵家屯者，抿将屯也。是夜，果为其亲信部下某某所杀。迄今其被杀之房屋犹存。数年前，屋顶尚有血迹殷然可考。

县七区　牛上房，车上树

清代于某自山东迁入时，家境困苦异常，曾荷篓负笈来关东。途中遇一老者，骨格清秀，丰姿异常，问彼何往。于某敬答曰："前途茫茫，无一定之目的地。老人如能指示，则感德不尽矣。"老人见其语意诚恳，示之曰："福地虽多，决不如'牛上房，车上树'为佳焉。尔其留意。"言罢，忽然不见。于某以有神人指示，遂特别注意寻觅之。一日，果遇一牛在房上吃草，同时一人将纸车悬于树上，二者果遇一处。遂将所负之物，尽置于此，赁屋而居。日后渐渐腾达，于清嘉庆年间，家声大振江东，官至翰林院大学士。由此可知于府之发祥有由来也。

王子坟

大岭西南行三里许，有一土丘，名曰"王子坟"。面河背山，东西地陇毗连。相传数百年前，土著民族每于夜间，隐见童男童女各一，献之以灯，故其丘经年夜间明彻如昼。有尾随者，则童男童女即缥缈羽化矣。清道光年间，土人耕其畔，发现数百斤之石虎二现置于大岭山神庙前。人疑其内必多珍宝，深掘数尺，但无所得。因有石虎发现，疑为王子之葬地，故曰"王子坟"。今则一丘荒凉，毫无异兆云。

县属三区　朱家泡子

据土人传说：昔年泡内曾有一黑鱼精及鼋精。每逢阴雨连绵之际，远望泡内，雾气濛濛，经久不息。其后不知何故，二精怪相率向泗道河子迁徙。适为渔人发现，猛以鱼叉刺之，鱼精将尾一掉，叉即飞入河中，二怪遂不知所往。

县属四区　牛头山

牛头山在本县东北境，拉林河西岸，峭壁矗立，高十余丈，其暴露之断壁残崖，尽呈赤褐色。相传昔时，此山有一奇峰，形似牛首，若就河饮水状。某年有回民设村落于山南麓，名曰"回回营"。俗以回人尝营屠宰之业，由是山首中部，裂罅骤落，踬颠河内，河水尽赤。当此峰倾落时，夜间闻有牛吼声。其断壁峭劈，今犹兀立河崖，附近沙石尽赤，迨传之果然欤！

大尖山　双刀护

东北百十余里，有山名"双刀护"，又曰"梢子户"。北有高峰，曰"大尖山"，虹牛河流贯其中间。河南有双峰，矗立如刀状相对。河北尖山石缝，晴天布云，必有大雨；无云，虽阴亦不降雨，惜被匠人凿落一石，而今只剩单刀矣。山旁有神洞，洞有石桌、石盅、碗、筷，皆固定不动。又有石泡，水寒有鱼，鳞片倒生，无敢食者，相传为神物云。

封堆　关帝显圣

封堆之南，有庙一座，内祀关帝，村民咸谓有灵焉。事变后，大同元年五月间，有匪首名"交的宽"者，作乱地方，由五区界，拟进封堆抢掠。将至境，只见该处人马杂沓，军队无数，匪大惧而窜之他处，故封堆终获保全。但彼时屯内并无一兵一卒。事后，村人均传为关帝显圣。此事是否属实，迄今尚为一般人津津称道不置也。

夏宝屯　地中土龙

相传清代初年，村民环村掘壕，以防匪患。忽于黄土层中，发现直径尺许之黑色粘土，围树曲折不断。有谓此乃地中土龙，不可毁坏，遂填培如旧。嗣后村中人才辈出，民风朴茂，咸谓当时未动土龙之所致也。

太阳庙

县城北三十里许有太阳庙。该地于建庙前一二年，忽于夜间，现出极大之光亮，且似有人立于光前，每夜如是，不稍间断。后有一道士过此，谓该光为太阳之光，前所立者为太阳神，如能建庙祀之，则光自熄，且能蒙佑。地方人士闻之，果建一庙，此后光与人皆消灭无踪矣。

前　郭　旗

第一努图克　红土山涧

本旗哈吗屯东北、松花江西岸，有红土山涧一处，高约五六十丈，突壁峭立，人物不能攀登，各种花草丛生其间。相传昔年，该地有一成形之人参。每当夏秋之际，一般农民在该地建舍、斫柴。每至更深人静，即有红衣小儿出现，绕草屋附近，嬉笑跳跃，或入江中游泳，若有人声，立即避匿。近十年来，则无人见之矣。

第五努图克　神像

前本旗西部管内有"毛敦爱里"，现已划入乾安县境。昔时有一骑者，至本屯募化，滞居数日后，引领该屯之人游览附近。彼时至该屯西南，有哈古沁和依特<small>即古寺二字</small>内供乘骆驼之女佛像一尊。至此参拜，自称系康熙皇帝因私访前来，视有佛神再临之兆等语，当解其乘鞍，献施与庙，其后本旗有力者，在本寺东方筑喇嘛庙一处，工竣奏准，赐与德寿寺蒙、藏、汉、满之匾额一方。内供神像多为铜铸。内有一铜佛，高约四尺许<small>藏名拉哈木</small>，俗称女天神。年久，该庙失修，坍塌不堪。后本旗新建阿拉街庙，故将庙内所供诸佛，悉迁往新庙。惟"拉哈木"佛像，虽人众亦不能动其分毫。经本旗新庙呼比利于呼图克图喇嘛诵经祝告后，始能动之。众人由后殿抬至庙门内，又不能动。最后无法移动，乃就庙门作为佛殿。至今该庙香火尚盛云。

第三努图克　神树

八郎屯附近有大榆树一株，粗可四五围，相传为杨八郎拴马之所。三五年前，尚有枯根盘结，后则自火焚烧。近则无迹可寻矣。

第三努图克　宾图妃陵

本旗境内库里图南，有陵两处，一东一西。西曰"公主陵"，乃宾图妃之女，死后葬于斯处；东曰"宾图妃陵"，位于土冈之上，前临水泡，后负土山，风景颇佳。据守陵人云：宾图妃乃清顺治皇帝之乳母，病至垂危时，曾有遗嘱，死后，以牛八头挽一铁车，令其任意行走，迫走不动时，则葬于该处。当即遵照遗嘱办理之。一日，行至库里屯，适天降大雨，牛车不能前进，遂停止，即葬于斯。此顺治十二年事也。

三、乡先贤轶闻遗事

吉 林 市

通天区　牛化麟

牛化麟，字石斋，吉林人。以郎中签分户部。性谨敕，处乡党呐呐若不能言者，而勇于为义。吉林故土城，将军富明阿易以甓，入资助焉。疏加四品衔。地既苦寒，或饥而无所得食，往往踣于涂。入冬，化麟辄设厂赈粥。布署有条理，至者鼓腹去。一切之弊无闻。独力为之，阅若而年，所全活无算。既卒，子秉坤承其志，岁赈如曩时。

通天区　石老太太

清雍正年间，有寿妇石熊氏，年九旬余，家道殷实，好善乐施，无子嗣。将自己住宅改为功德院。过冬，收养贫民老幼废疾无衣食者，往功德院依归。寿至百龄而终。生前将家有良田尽施之功德院，院招德行僧经营，永远奉行。迨其身后，僧与贫民咸感其德，为建祠塑像，奉祀香火。院今不存，而祠独于市立图书馆后巍然特峙。

牛善人

邑绅牛秉坤，字子厚，以商贾起家，富甲一乡。且赋性慈善，慷慨好施，凡远近贫穷无倚者，若求牛君接济，莫不解囊资助。冬令开设粥锅，施舍棉衣，时人咸以"牛善人"呼之。牛君商号在吉林省城有源升庆、恒升庆等。宣统三年四月间，吉市偶罹大火灾，有乞丐数百，焚香载道，呼天祷神，以祈保全牛宅之财产。果以精诚感天，火延烧至北大街源升庆、河南街恒升庆时，风向忽转，牛君商号无一损失。此乃上天佑善之证也。故地方人士多器重之。民国十年，大总统曾颁赐"乐善好施"匾额一方。邑宰于芹又撰赠一联，其联曰：泊然与人无争修世服畴应共松江流泽远，富而好行其德赈菑济困料知蔀屋感恩多。

昌邑区　张光鼐

张光鼐，字溥元，吉林人。光绪乙丑举人，戊戌进士。壬辰考取宗室汉教习，签分工部主事。庚子乱后，兵部侍郎贻谷奉命勘放蒙荒，授绥远将军，檄佐文案。既至，多所擘画。逮贻谷为言者所劾，朝旨命鹿传霖核办。其属樊某与贻谷有宿怨，以是罗织多人，均行逮问，独光鼐不与焉。至民国纪元，江苏省长齐耀琳调赴江苏，历充要职。嗣卒昆山税捐局差次。性刚毅，遇事能断，故当事者多倚重焉。

朝阳区　赵辅臣

赵辅臣，吉林人，充省公会庶务员，禄糈至薄。民国六年五月，以访友过富余胡同，如厕，拾布囊。启示之，银圆票也，其数一万八千元，守之不去。俄而失银者仓（荒）〔皇〕奔至，自云解姓，其银，军饷也。诘其数适符，遂返之。二人同赴照像馆，撮影而别。梨园有"拾金不昧"一剧，妇孺咸知之，众遂举以誉辅臣云。

永 吉 县

尉清宝传

尉清宝，字善如，先世本姓"尉迟"，为唐鄂国公尉迟敬德之裔。清初，去"迟"称"尉"，世居山东莱阳县。嘉庆间，有讳枝者，来迁吉林永吉县之东乡荒茂屯，四传至清宝。先是，清宝父昆季四人，仲、季皆早卒。家本饶裕，伯与仲长子理之，颇私蓄。俄主析居，清宝年甫十五，父嘱以宜求自立，不可以与伯长争。凡田产之极佳者，悉任取之，清宝仅分得田五坰，屋数间而已，而债则累累数百缗。是时田价低廉，每坰仅值钱十缗，按所分债目，较所得田产数倍过之。是以伯仲俱素封，而清宝独贫。父卒后，即出服贾以营生。性至孝友，有异母兄，瘖哑不能言，清宝待之有恩礼，于家庭内外，未尝以一事相责望。而其兄哑废坐食，亦遂未尝有一事拂其意者也。既而发匪大起，屯落不能居，举家迁乌拉镇，营地筑室，称贷千金。当是时，妻两手患疮疾，辗转一室之内，不能躬饔飧，子女皆幼，母六旬余，正晨昏需人。嫂乃生心析居，偕哑夫幼子，迁回故屯，意欲独占祖遗田产，以为己有。清宝既假归，乃往请曰："老母年高，须奉侍者。且兄哑侄幼，本期与兄同居及老，何忍中道分离耶。"劝三日，始勉允回乌拉。居二日，清宝再外出，复弃衰姑病娣去如故。四年之中，清宝亲往迎嫂者，凡三次，最后不得已，始听嫂所为。而故屯之田产，一皆与嫂，曰："吾年壮尚有为，旧债及避乱所贷，吾自负之。吾何能轻手足，重田产，而与嫂争乎。"嫂自是遂与析居居屯，而清宝独奉母居镇。屏当拮据，困厄万分。乃不数年，而清宝以货殖亿中，衣食渐充且有。新买近族之田十垧五亩，附荒八垧，亦尽与嫂，并为侄娶妇。迄兄嫂殁，始终侍之无间，其厚于同气如此。生平酷爱"四书"及朱柏庐《治家格言》，尝示家以为轨范。治家一本俭约，不忍妄费一钱。人或疑其吝，及观其待宾客戚友，或会婚丧，所备极丰，而遇亲族之贫不能葬者时，皆助之。尝谕诸子侄曰："宗族分支，犹木之有枝叶也。枝叶虽繁，乌可缓急而不相卹耶。"少年读书，喜书翰，尝为人书匾额，笔势多遒劲。精医及术数家言，然不轻应人求。至契中有葬事，情不能却者，必竭诚尽虑，不惮劳瘁。往往撑一葬日，笔述动数千言。病家诸医敛手者，与之诊治。其贫者，并施以药饵，服之辄立效。其为人魁梧刚正，声如洪钟。晚年家道既丰，辞事归，益以观览书（吏）〔史〕自娱。爱菊，因自号曰"菊亭"。著有《尉氏宗谱》《家教立言》《选择葬日说》等书，存于家，均未传世。民国四年夏历三月，无疾而终，年七十三。子功焕，别有传。

尉功焕传

尉功焕，字士钦，乌拉镇人，尉公清宝之三子也。君幼端重，动止异常儿。以边郡俗朴，读书最晚，十一岁始入乡塾。稍长，欲学为文，值清廷罢科举，吉省学校尚未立，乃以商游京沪东瀛间。迨地方新政举行，君归倡办教育自治及农商各会事，热心毅力，独任艰巨，始终不支马车费。于公款较然别白，锱铢不染。为镇议长兼校长时，吉林省议会方成立，地方投议员票者，咸欲举君。君乃毅然让与赵君仲衡，辞己之当选，而不与友争。其为人慷慨好义，类如此。民国三年，君充全省农工商会会长，兼商会联合会会长。明年，京师开全国商会联会，君以代表赴都，晋谒元首，为地方有所申请。因见重于黄陂黎公，聘为大总统府谘议。得随时觐见，并给予三等嘉禾章，尝手书楹联赠之。又兼财部谘议。丙辰，黎公以总统名义下令免段内阁职时，各督军咸集京师反抗，以兵胁黎公，限二十四小时下令解散国会，否则，各师旅自由行动。当是时也，黎公下令，则违背约法；否则，京师兵祸，即在目前。长江巡阅使张勋，是时亦已来津。君率十七省商会代表，主和平调解，一方通电全国，一方谒黎公，面陈办法。旋各省军政长官欢迎调解，覆电纷至，而黎公亦赞同，当即赴津。是时有某派要人，欲贿君以重金，君不为动，正言谢绝。既抵津，以大义说张，直谏以"军人不干政"，且请"尊重民意，服从元首，以（按）〔安〕天下"云云。

并率各代表，连谒东海徐公、合肥段公、凤凰熊公，及雷震春、万绳栻诸要人，亦均得其赞许。而是时国会议员已有欲自请辞职之说。君又急归京师，说黎公再坚持数日，免受违法之名。黎公又坚持三日，不得已，而解散国会之令下。然当黎公受胁之初，一发千钧，使无君调解通电及奔走以缓其势，各师旅之自由行动且立见，则京师于复辟前，得少罹一番兵祸者，君之通电及奔走，与有力焉。迨黄陂再秉国钧，为友人迪化道尹樊君耀南办事驻京，拟筹划西北边事。因段公子宏业，又为合肥所器重。洎合肥为执政，辄招君与计划西北边防安危，曾聘为执政府参议，并派君为国民会议代表。君恐声名显著招疑，某督与友人事机有关，故辞谢不就。驻京数稔，以政局屡变，西北边事计划亦因之屡不就。且以道涂阻隔，资用绌乏，无以达友人，友人亦遂不知。困隘万状，不肯去。卒以政局愈变愈剧，而中央执政抑且无人，君见事无可为，乃归里，杜门不出，日惟以诗书自娱。喜为诗，虽晚年始学，而所作甚工。其客京师时，与友朋唱和之作尤多。有稿曰《晚悟庐诗存》，友人为付铅椠行世。

额勒登保

额勒登保，姓关氏，清乾、嘉两朝显官也。公忠懋著，谋勇兼优，因前平定苗匪，赏给侯爵。嗣因剿办邪匪，自膺经略重任，运筹决胜，悉中机宜。躬亲行阵，与士卒同劳苦，用能屡获渠魁，扫除苞孽。厥功殊伟，晋封一等侯，世袭罔替。并授为御前大臣，加太子太保衔，赏用紫缰以彰殊锡。嘉庆七年八月，因膺经略重任，倍加感奋。数年之间，扫荡凶渠，俾川、楚、陕三省地方，咸臻宁辑。更奉十年八月上谕有云："额勒登保，秉志忠诚，夙娴韬略，为人小心谨慎。曾出师缅甸、金川、石峰堡、台湾、廓尔喀等处，久经行阵，累立战功。嗣又平定苗疆与教匪，实力督师，冲冒霜雪，屡阅寒暑，身经百战，艰难备尝，将数万凶渠，扫除净尽，为国宣劳。且其宅心公正，力矢清操。中外满汉大臣，并及外藩蒙古等，无不哄言，尤为不可多得。言念荩臣，宣膺殊锡，着加恩晋封御前大臣，领侍卫内大臣、都统、三等公，以示朕锡类酬庸，有加无（己）〔已〕。"云云，具见当时宠幸之深。现九站附近之猴石山地方，尚有其墓存焉。其地隔江与龙潭山相对，形势险要，风景亦佳。至封侯时，所建府第原在乌拉峰口屯，现已转售矣。

陈德昌

陈德昌，奉天盖平县人，因来吉贸易，遂于永吉县沙河子屯赁屋而居焉。数年后，父母与弟先后因病逝世，德昌仅携一侄度日，不幸其侄又于大同二年病故。孤然一身，勉强支持家务。旋于"康德"元年，迁居向阳屯。赖昔日经商，薄有积蓄，遂广行善事。"康德"三年，见沙河子旧有桥梁，年久失修，行人往来，至极危险，乃慨然独力捐资，将河桥重新建筑。此外如舍药舍饭等等懿行，亦时有所闻，故贫民甚爱戴之。不幸于"康德"五年九月间病殁。乡人因感其德，遂殓而葬之。

县属八区　任万有

清咸丰年间，有农人任万有者，县之旺起屯人也，寿八十余岁。彼时家道殷实，好善乐施，屯有贫困死亡者，除舍给棺木外，并舍其自有土坑一处，作为义地，任人埋葬。迄今数代，荒塚累累，殁存均感。以故乡人至今称之。

县属五区　张马氏

张马氏，蒐登站人。年三十九时，而夫张荣病故，家无恒产，一贫如洗，诸子年幼，均未成立。该氏誓守柏舟之节，仅以针黹女工，获资以度生活。诸子年届学龄，各使之塾攻读，课毕回家，复督饬拾薪及从事园艺，有丈夫风。节操坚贞，持家有方，卒能为子授室，育孙，为商为工，各有专职。现年七十有三，营商置产，家道日益增盛。贤母节妇，备于一身，洵女界之模范也。

县属二区　吕老太太

清代道光年间，有妇人吕杨氏者，县属大屯人也，年六十余。家道殷实，乐善好施，兼通医术，为人针灸病症，不索分文。于道光二十七年二月间，有乞丐某，因病死于道中。后经该妇将己有木棺一口，舍给死者，并请人收殓掩埋。因之远近交口称赞，均以"吕老太太"呼之。

县属七区　石老好

太平村石某，生性慈祥，处人和蔼，遇事总未现有怒容，（具）〔且〕乐善好施，故乡人称之曰"石老好"。家有地数十垧，凡亲戚邻里，有急难需资者，必竭力资助之，偿还与否，听人自便，向不索讨。"康德"三年七月，大水为灾，居民被害者不计其数。石老好更大发仁慈，将自己所储之食粮散给灾民，更资助以金钱，毫无吝啬。因此歌功颂德者，大有人焉。

县属一区　齐锣锅

缸窑镇住民齐锣锅者，清光绪年人也。当时家道寒微，无隔宿粮，每有日不举火之虞，但事母至孝。母目失明，不能操作。齐驼背无力劳役，逐日沿街乞讨，择其甘者，以供母食，数十年如一日，毫无倦容。母年七十，无病而终。乡里见其残疾贫苦，而性至孝，遂皆交口赞许焉。

县属七区　敖赵氏

口前村兴家店三家子，有孀妇敖赵氏，适敖春山为室。结婚年余，夫死，遗梦生子德荣，遂矢志守节。但家无恒产，生活异常困难，而翁姑年迈，难事生产，仅赖氏昼夜针黹所获以度岁月。更恐翁姑思子情切，除菽水承欢外，复善言解忧。于民国十五年，翁姑相继逝世，哀痛之余，向亲友告贷，殡葬咸能如礼。既而幼子长成，乃使入小学，毕业后，更入教导队，受相当训练。期满退伍，因无力上进，遂务农奉母，颇著孝思。亦氏孝翁姑之美行，有以感应使然耳。

索荣春

索君荣春，县七区官地屯之住民也。清光绪三十四年，因办学无款，提倡划拨庙产及公有会地。当时索君首先出名，将官地西岗子、奚家屯、白马夫屯、大三家子、桃子沟、西北掇落屯会地，全行报归永吉县，名为学田，以其收益尽数充办学经费。至宣统元年，更于官地屯创办学校一处，实本县区立学校创设之鼻祖。当时，一般乡民狃于旧习，不开风化，呼学校为洋学，视索君为多事，交口毁谤，群与为难。而索君毅然不顾，到处宣传，苦口劝导，卒将会地报官，并将学校组织成立。非独具只眼，热心公益者，乌能出此。现在本县学田多至数十垧，历年收入学款竟达十余万元，因而学校林立，教育大兴。索君之功，诚有足多者。前之对索君毁谤侮辱者，反而歌功颂德。索君有知，当能含笑地下也。

汪恩吉

汪恩吉，字子仁，满洲正红旗人，世居铜匠沟。初充笔帖式，年老退职家居，锐意兴学。宣统三年，创办铜匠沟学校。苦无基金，乃将铜匠沟、牌楼屯、王和尚岭、姚家大沟等处会产，报归学校，作为办学之款。经营擘划，任劳任怨，对于公款，从无丝毫染指。民国七年，因病逝世。身后萧条，绝无积蓄。可见其廉洁自持，始终如一也。

米王氏

米王氏，蔻登站村民米有之妻也。性贤淑，事姑至孝，夫妇尤和睦。不幸于年二十五岁时，而夫病故，家徒四壁，姑老子幼。乃矢志守节，代夫侍母训子，日赖针黹度日。姑韩氏因思儿心切，于民国十六年春，染患胖肿症，步履维艰。氏奉汤药，侍寝食，未尝废离。而姑卒于民国十八年十二月一日，一病不起，溘然长逝。家无宿粮，赖族中资助，始克殡葬。氏更柏舟自守，节比冰霜。子中立，现年十四，已于当街之国民优级学校毕业，并能顺承母志，勤苦自励。乡人因皆目为贤德之报云。

丛吉昌

丛吉昌，永吉县长岗岭屯人也，世业农，治家勤俭，尤以勇敢侠义著于乡。光绪二十六年，俄军侵入，遍地匪起，昌与附近各屯组织乡勇，竭力保护，得免蹂躏。民国二十年事变，乡村各处群匪肆虐，抢掳杀伤，民不得生。吉昌时正掌管自卫团兵，乃竭力训练，昼夜捍卫。贼众迭次来扰，或利诱，或威胁，卒不为动。后见匪势扩大，势难对抗，乃与守护长岗岭峒口之守备队互相联络，协力防击，卒将各匪次第扫灭，全屯民众得免危害，此实吉昌忠勇卫民之力也。旋以积劳成疾，迨"康德"三年春间，病以不起，卒年六十七岁。噫，以农民而成此伟绩，故乡民至今犹称羡其遗德不置云。

盛福

盛福，字介臣，清光绪年旗人荫生，世居吉林江南长屯，为壮愍公之子。壮愍公征伊犁有功，战殁，追赠骑都尉，诏许于吉林省垣建设专祠，以昭忠烈。子福，幼随父征，素精坟典，虽于营伍倥偬之际，亦手不释卷，著书立说，日无暇晷。及壮愍战殁，搬尸回籍，于墨经之交，搜集古今书籍之堪梓者，悉雇工镌版，集印成编，不下数十种，以公诸世。各书悉仿宋版，费十余年资力，遂于光绪癸巳三月，镌印成功，藏于家愍公祠内。可谓大有功于社会文化矣。所梓者，为《庭训格言》《小学韵语》《分隶偶存》《史鉴节要》《汤子遗书择抄》《北溪字义》《声调三谱》等书，工精版萃。

敦 化 县

敦化街　孙启士

孙启士，敦化县人也，信基督教。自幼读书，聪颖过人。稍长，立志负笈东渡，专攻医学，十数年医成名闻。稍有积蓄，乃设医院于东京市。民国十六年春，闻友人张器瞻君在乡里筹划敖东中学，以教育乡人子弟，毅然解囊捐资三千元，购备化学仪器，由日本寄回。实为敖东青年一大贡献。于"康德"二年五月，因料理家务，乘车返里，途过京图线土门岭驿间，因胡匪袭车，不幸被流弹中毙，享年仅四十，遗有一妻一子。乡里人闻之，无不痛泪。如斯人者，可（读）〔谓〕敖东之先贤矣。

维新村　刘大海

刘大海，居县城西之香水河子。性慷慨，有胆识，尤善治家。自营烧锅、油坊等业，当时富甲一乡。会日俄战起，地方被叛军骚扰，刘氏首创自卫团，练枪械，保卫地方。及俄兵至境，辄击退之，因是乡里赖以保全。人皆称之以"老总"。享年八十余，始卒。

维新村　南永和

南永和，于民国初年，由边外迁移来敦，胆识过人，疏财仗义，有任侠风。尤能和睦邻里，排难解纷，有相争者，则出为鲁仲连，按公调解。其后，于民国某年，有刀匪过境，抢掠马匹，南氏亦被掳去。四匪人〔7〕因马不驯，未能随前队同行。南氏在后，乘其不备，突出长枪刺之，该匪坠马而亡，遂复得失马归。

维新村　张成之

张君器瞻，幼好学，家贫，得戚友助，毕业于北京高等师范。于民国时，历任吉林中学校长及师范高等学校校长。为人公正廉明，热心教育，尤长于英语。民国十六年，回敦充教育局长，当时鉴于敦化学子远出求学之难，遂倡议设立中学。奔走于日本，得友人孙启士资助，助洋三千元。回县，复与诸士绅协力，遂成立中学，任为校长。为敦化教育前途，放一曙光。惜张氏及该中学均未能永寿，于事变时，学校无形解散，张氏亦于"康德"二年，因积劳卒于吉林，享年四十。如张氏者，诚敦化之有名人才也。

维新村　郭邢氏

郭邢氏，系维新村朝阳川人，生性慈善，济苦怜贫，遇僧尼乞丐，必量力助之。三十而孀，且无子嗣。或劝其改适，氏正容曰："女子从一而终，古有明训。我志久矣，幸勿扰之。"于是断荤素食，以明其志。颇通医理，有祖传秘方，专医小儿惊风及疔疮等症。不取分文，活人无数，乡里莫不称之，感之。年五十，卒于自宅。乡人无不惜痛焉。

桦 甸 县

王俊臣

漂河口子村有孝子王俊臣者,现年三十八岁,对其父颇尽孝道。家虽贫困,关于伊父之嗜好及疾病,无不竭力奉养,实堪嘉尚。故于"康德"元年,经"警察署"请,赐给"可以风世"匾额一方。堪为桦邑贤孝之模范矣。

磐 石 县

德胜村　常森

德胜村管内,朝阳山南门外贤圣宫前,为先贤常森被难之地也。据村人云:该先贤系磐石县人,信主极坚。于庚子年,为义和团所捕,临刑时,谓之曰:"苟不信主,则令汝生。"而彼毫无惧色,直认不屈,并为彼等祷告,求主赦其罪恶。彼死后面目如生,名扬中外。若常森者,可谓杀身体而不能杀其灵魂也。至今路过海龙县南门外,见巍然而耸立者,常森之纪念礼拜堂是也。

山朋碰村　陈兴

清光绪年间,仙人村住民有陈兴者,当年六十余岁。性忠厚,平生好武善战,屯人公选为带会首领。伊衷怀义勇奉公,诚意为国为民,编练三甲,计附团十余处,每月训练之。时值政治不能统一之际,每逢春令,到处匪起,扰乱地方,抢掠民间,屡有所闻。该会首竟带队争先抵抗,终将地方肃静。后各股匪,多数闻名远飏,是以地方农人等均得耕耘。至伊死后,多受地方人民之吊祭,均称伊为造福之陈会首也。

伊 通 县

齐耀琳

齐耀琳,字震岩,清光绪二十一年乙未科进士,翰林庶吉士。性平正,自律严厉，不以私害公。由戊戌年散馆选拔直隶曲周知县，以政绩清平，依官级递升至都督。不骤求进，但益久而益昭信。于曲周县任中，爱民如子，披星戴月，理民诉讼，使无冤抑。虽幕下僚友，亦断然禁止受贿，民呼为青天。历任河间、保定、天津知州，天津道尹，直隶按察使、提法使，江苏、河南布政使，河南巡抚、总督，吉林民政长、巡按使，江苏省长。于江苏省长任中，省经常予算结余，一文不苟，尽数缴返政府。于当时官吏贪墨中，实为不可多得之人物。性清雅，喜早起游于园林泉石下。政暇提笔赋诗，厌应酬之俗文。用人以才，平生从未因戚属旧谊而滥用私人。其明廉，实为政界之铮铮焉。

齐耀珊

伊通四台子齐氏秀才，毓聚一门，耀琳、耀珊兄弟双进士，尤为称美乡里。耀珊字照岩，光绪十六年庚寅恩科进士。气象潇洒，性喜恢谐，天资颖悟，美髯过胸，仪容清奇。时当清末，各地革命党人秘密活动，推倒清帝。先生矢志忠贞，以削平革命党人为己志。当任汉口道时，正为武昌起兵肇事地，故革命人暗中活动尤烈。任中百计破获逮捕，革命党人死于其手中者颇多。民国六年时，为浙江省长，政绩颇佳。于黎总统任内，又任内务总长。均能实心任事，故推为政界中之清流云。

齐绅甲

伊通著名世家，当首推四台子齐氏。考齐所以能以诗书立家，宦迹清明，为举国人望推许之故，当推原齐绅甲先生。先生教育严正，示范有方。绅甲字竹樵，光绪十八年壬辰科进士。天质厚重，喜文，不喜仕宦，慨然有山林隐逸志。平生仅仕为县长，余则教读家中。时侄行中耀琳、耀珊二人尚幼，均从绅甲读经史，学文章。绅甲学问纯正，人格高廉，故二人幼年即提笔为文，大气磅礴，非小家气象应付八股考试而已。尤于绅甲之为人，观感至深，其宦迹所至，民均仰呼为清天。实先生家风优美，示子孙以正之所致也。

齐忠甲

齐忠甲，字迪生，清光绪二十年甲午科进士。生性严正，不畏权势。自中进士后，慨然矢志，以身报国，未尝以己之利害置念。初为翰林院编修，彼为三江主考，所考取人士，均侧重理论而忽略辞藻。尝曰："不通经义，不足以佐君临民。吟风弄月，谈天雕龙，文人末事也。"故先生所选拔者多为行政干员。后进级为御史。时振贝子来满洲视察，骚扰地方，所至地，大兴贿赂，段芝贵买妓杨翠喜以进，后为朝中御史奏罢免。此案齐忠甲亦为义忿所激，虽贝子之贵，亦敢大伸正义之弹章，人莫不服先生胆识。忠于君国之诚，可见一斑矣。

依克唐阿将军

依克唐阿，清代满洲正黄旗人，伊通县马家屯农家子也。原姓张，幼年佣于邻家牧猪，日与牧儿游戏野地中，衣服污秽，仪容粗鄙。孰知其异日为赫赫一时之将军乎。但英雄毕竟与常人不同，虽不识文字，而性厚重，刚毅强勇，任重茹苦，不稍推避。故出身微末，正磨练其忍劳之习性，以为其后建功立业之基础。昔时旗人行征兵制，男子至入伍时，即入营为军人。当依克唐阿入伍之第一步，备受人鄙视或愚弄，其形容朴陋，讷讷少言，一切重事，均委彼为之。彼不只不发怨言，反欣然为之，于是渐得长官之垂青，认为部下最守纪律之一员。厥后发挥其忠勇之事迹，即种因于守纪律之习性。凡遇战争，毫不退缩，怀其只知有国之赤心，冒弹雨，先行列，奋不顾身，屡建奇功。于是依次超升，直至铁山包统领。据其随从终身之人云："于作战时，无论敌势如何强大，从未舍却部伍而逃避。至部队力不能支，纷纷退却时，依克唐阿仍于马上不动，部队只得回身再战。"于是厚重寡文、忠勇可恃之军官，渐为政府所依重。清德宗时，调升奉天将军，兼兵部尚书。将军幼未读书，但深慕文字。自从军时起，常在暇时学书，尤其大草"虎"字，一笔书成，神采奕奕，是以此字名贵一时。至今有此字联者，尚视为珍宝。当任奉天将军时，参谒北陵，将军不通礼文，误设跪垫，礼部即参奏将军失仪。太后降诏，非惟不责将军，反痛斥礼部曰："国家用将军，意在其勇敢善战，非以文辞见称。汝礼部既不纠正于前，反寻疵于后，殊失国家礼遇大臣之意。着念将军重功，优赐黄垫。"于此可见将军见重于国家，而清廷用人优遇，所以能得人效命者。现将军子孙甚繁，族氏颇盛。

张书府

张二爷名书府，字鸣九，原籍伊通县北刘家屯人，后卜居于伊通河东郭家屯，以行二，多以"张二爷"呼之，盖口碑之所颂也。二爷实伊通名流中之卓卓者。少孤，性刚毅，貌严而内宽，心地纯洁，故乡人排难解纷之事，多就二爷以正之。事无巨细，得二爷为之剖析，莫不欣然顿释，和平了事。二爷自十四岁时，即承母教，克勤克俭，经理家务，贯彻始终。积四十年如一日，以致势就衰微之家道，蒸蒸日上，渐而小康，渐而富足。并能遵承母志，在郭家屯创立育东小学校，招收生徒二百余名。他如修筑河东桥梁，以利行人；冬季设置粥锅，以济贫民，可谓母也活佛，子亦菩萨矣。伊通民众莫不啧啧称道之。事变之春，老母弃养，二爷悲痛之余，尤能继志为孝，于社会事业之活动，民众公益之提倡，益奋勉不稍懈。"大同"年间，伊通匪患甚重，甚而县城失守，前后两次。是时二爷之院落坚固，防御严整，匪不敢犯，故一时避难者至千余人。无论贫富识否，概纳院内，持枪械防御。凡守护救济食宿等，均由二爷躬亲调度，井井有方，前后数十日，糜粮数百石，而保民命殊多。可谓既仁且智勇。"康德"三年冬，二爷卒于伊通金融合作社长及红万字会长任内，享年五十八岁。当时吊者，几于倾城，莫不同深哀恻之感。至有谓："伊通人甚多，阎王何以必叫彼。"语虽近诙谐，而爱不忍弃之意，于此可见矣。至今偶有谈及二爷往事者，尚无任憧憬其功德云〔8〕。

王继长

披览群籍，著述成性，能处污而不染，卓然以儒生本色立于民国之世者，伊通有王公继长其人焉。继长字富兴，伊丹乡人，家昔农业，早岁生活勤朴。民国五年，由吴淞中国公学政治经济科毕业。第一届文官高等考试及格，出仕蒙藏院，以荐任职任用。民国十一年六月，任蒙藏院编纂，十八年三月，充吉林省农矿厅秘书。先生幼通经史，恭恪自恃，虽溷迹宦途，旧日政客奔走权势之习，介然不苟，长袍布衣，望之依然一老书生。做人方正，未尝因己事恳于当道者，亦未尝为人媒焉。自爱以洁，不肯以一介污其廉操。计平生著作，有《蒙、藏、回系年要录》十二卷，又作《签摘宝录》，凡1400余函，稿存于蒙藏院内。近年已老乞退，休养于吉林，以爱吉林山水清秀有诗意，得遂其恬淡性趣。平日教读，兼事阅著述。实廉隅方正中，不可多得之人物也。

郭星五

郭星五，伊通二十家子人也，清光绪辛卯科举人。历充科长、秘书，又任浙江省龙游县、金华县知事，上虞县长。为人正直仁德，品学兼优，堪为乡里所依重。凡有公益事项，均争先解囊。现年八十余岁，尚任该地道德会长，宣讲圣道，启迪知识，不遗余力云。

双 阳 县

王秉仁

本邑东河套有王秉仁者，父公世，为望族，家道殷实。有弟四人，以义、礼、智、信命名，秉仁居长，乡人多以燕山窦氏五桂比拟之。惟秉仁最孝，待弟尤中肯。少悟黄老之学，娶妻日，不度伉俪之甜蜜，而独往南山学道，垒石为屋，以花鸟为友。每值月夕风晨，辄闻其经声琴韵，由山上传出。未几，其父母相继弃养，秉仁则风木兴悲，大有不可独生之概，时年仅三十左右耳。遂由山担土，至父母之坟而培焉。哭泣之哀，令人不忍卒闻。每日如是，然后始饭。虽狂风暴雨，冰天雪地，亦未尝间断，故乡人呼为王孝子云。山上石屋，绕以花草，遍植果树，怪石嶙峋，每日焚香默诵，度其清静生活。后遂了悟禅机。当其未羽化时，则告其妻曰："某日吾西往朝佛，与吾修冠，以了吾愿。尔亦应修练，以副吾志。"后果于某日某时仙逝矣。其妻现尚健在，年八十余，面如四十许之妇人，日行百里，无倦容。其亦得其夫之玄机欤。

县属四区　石祥

前清末季，有石祥者，住本村管下孔家屯。为人慷慨好义，长于射击。彼时恒为乡团首领，每闻匪讯，辄奋不顾身，必至击散而后已。以故乡人赖之，至今称道不置。于"康德五年"十二月间故去，享年九十余。

苗雨时

有寿星老苗雨时者，系生于清咸丰元年，家道殷实，好善乐施。对于乡里贫民老幼废疾无衣食者，尽舍其家有之产业为救济。皇帝陛下于"康德"二年行幸双阳时，驻跸于劝农山。拜谒天颜，赐与银牌一枚，有"仁者寿"字样，永敬拜佩。故极为乡民所敬仰焉。

九 台 县

严永安

先儒严永安，其塔木村人也。氏生于道光年间，幼读诗书，壮游泮水，态度俨然，举止落落，为左近名儒，亦地方典型中人也。生性慈善，勇于公益，如地方或邻里有困难者，氏闻之，必起而救助之。时地方有贫苦者，死后往往无葬身之所，至尸身暴露于乱草荒丛中。氏见之不忍，乃施舍义茔地一段，以供死者之长眠。后创修庙宇，以维系世道人心。所余之茔地，于民国初年，改为学校地基，即今其塔木学校所在地。氏之功亦云伟矣。

吴朱氏

清咸丰初年，泉眼沟西岭有节妇吴朱氏者，年十九丧夫，乃自课幼儿，亲理家计，艰苦备尝，誓死靡他。克尽勤俭，为儿女置中人之产，颇为戚族所崇敬。年六十，梓里乡绅等为之竖立牌坊于门前，上镌"旌扬节孝"四字。后寿至八十余始终。今其玄孙已入校读书矣。宜其彤管流芳，懿德百年，堪为后世妇女法也。

龙棚屯　赵老太太

清光绪时，有寿妇赵关氏，年八十余，家道殷实，好善乐施。邻人有贫困者，常周济之。族人衣食不能自给，婚丧不能举办，舍其财产而扶助之。对于村人，功德无量。当其临终时，村人无不垂泪焉。

周氏

道光十二年，东三道沟有周大者，其长女适李氏。姑淫乱不正，迫周氏为娼。周不从，鞭棰致死。事闻于朝，将姑及女婿等处以死刑，并为之立节烈碑，至今尚存。

加工河村　李氏

加工河（屯）〔村〕李爽屯，在清初年间，有李氏者，将其家所有之良田一垧余，甘心乐输，为建筑关帝庙一座。每年田地出产所得，除供奉香烛外，其余均为施济贫民衣食之资。现关帝庙仍巍然存在，而李氏之遗族不知何往。至其地，已归为九台县学田矣。

加工河村　李昌和

清光绪年间，有李昌和者，家道小康。其人急公好义，慈善为怀，将自己之熟地二垧舍与关帝庙，作为会产。于民国二年，已归作学田矣。本年学舍建筑房基，即其地也。

张庄子屯　贫不夺志

本屯有夏氏妇人，现年已六十余。伊于三十余岁时，丧其夫，遗有幼子，家无恒产，室如悬磬，妇安贫抚孤以度日。适其族弟某丧偶，垂涎其姿色，欲与之伙度，托人向伊提说。伊怒拒之，示以决不再醮之意。其后，恐自己独居，易有流言，并为谋生活计，乃为人佣工，以养幼子。现其子已长成，业农为生，尚可养其老。惜天不佑，其子患抽风病，时作时愈。该妇因之有冻饿之虞，不免时作乞讨之客，但从未闻伊有悔言。里人莫不交赞之。

舍岭西沟　高老太太

清光绪年间，有寿妇高赵氏者，年八十余，家道殷实，素有慈善心，不惜重资，设立私塾。贫家子弟不取学费，且为补助食费，故当时贫民子弟而得读书者，皆赖其德。故至今传之为"德老太太"焉。

陈泽清

陈公泽清，九台县三台村人也。幼时稍读书，生性慷慨，见义勇为，虽有任何困难，未尝退后。居乡里间，抑强扶弱，排难解纷，悯苦济贫，捐款兴学，提倡教育，所做善事，笔难尽述。故该村人多称之为"善人"云。

张孝子

张孝子名诃，幼失怙，母抚育之成人。家贫，佣以养母。母年五十失明，孝子扶奉益谨，未尝一日违离也。有族叔居比邻，夫妇染时疫，相继死。孝子为营丧，葬甚厚，人多义之。今母年八十有四，已含饴弄孙矣。

姜于氏

姜于氏名烈清，德惠县人，年十九，适九台姜寿昌。二十四岁夫死，遗一子，氏矢志抚养之。子年十八，以疾卒，继夫弟庆昌子曰兰阶者为嗣焉。今节妇五十九岁，翁姑犹健在，谓节妇能养焉。

吕王氏

吕王氏，王洪业长女也，髫龄识礼义，闻人谈烈女传，辄心仪其人。七岁，字同里吕永恭子香龄，少于氏五岁。香龄年十五，以病殁，氏闻耗不食者累日，偕母至夫家，服丧尽礼，因留。吕氏翁姑悯其年幼，且未成礼也，屡欲遣归，氏削发明志。吕家贫，翁姑老而且病，氏奉侍维谨。夜阑犹一灯荧荧，机杼声达于户外也。无何，翁死，丧资无出，长跽称贷于族中富室。以夫从兄次子延升为嗣，娶于张氏。自是操作益劳苦。姑殁，赖以葬。氏今年六十，犹操作如曩时云。

骆锅屯　赵二爷

清咸丰年间，有一福寿双全之赵君，年八十余，家道小康，好善乐施，以致子孙满堂，身体康健，耳眼均佳。现尚五世同堂，未尝不由行善中得来也。

刘成

羊草沟屯之西三家子屯，有刘成者，以小贩为业，每得余利，则购书自读。尝语人曰："人不读书，困难万出。吾誓必自修，以求知识，而免目不识丁之苦。"后伊至四十岁时，学业大进，竟弃商而课读村童，设塾于家中。村中小儿之失学者，伊皆招之来读，而不收束脩。每日孜孜教学，谆谆训诲，村人皆德之。民国七年逝世，时家甚贫，村民相集为之营葬焉。

三王爷

三道沟屯有已故之王珏，人以其姓名为三王字，故号曰"三王爷"。先生，清举人也，以善书名。里中得之者，咸珍藏之，以为宝焉。迄今益为珍贵，然存者无几，不易得也。据云先生之作品，有头书及口书、手书等。其遗品传世者，多属头书及口书，而手书殆无存者。

头道沟　李节妇

永安屯昔年有节妇者，年十八，于归李氏，相夫克家，不遗余力。生有三女。后其夫入伍为营卒，于清咸丰年间，因出征，殒于王事。彼时节妇年方二十四岁，闻凶耗后，立誓守节，至死靡他。历尽困苦艰难，其志未尝少挫。宗族姻戚莫不敬重之，为之过继一子，以承宗祀。节妇持家教子，不惮劳悴。后其子学优而仕，移家吉林，至今繁衍为望族云。节妇至八十四岁而终。梓里乡绅等钦其生前美德，于墓前勒石刻铭〔9〕，以垂后世。今永安村南节妇坟前，丰碑高耸，其懿德足可流传不朽矣。

炮打张家店

本县昔有张家店一座，院落孤单。在清同治三年十一月间，为土匪马傻子、徐占一等三十余人占据，日事抢掠，附近居民昼夜不安。其南十余里有一村，名二道河子，大户颇多刘周钱于等姓均系富家。匪首差人送信，声言该屯须捐银四百两，否则将予以抢掠云云。该屯民众惊慌失措，妇孺哭泣。有连庄会老总刘福成者，年二十七岁，英武魁伟，胆识过人，连夜驰赴长春县，禀明官府，欲行剿击，惟恐力单，恳请援助。县官嘉其勇壮，遣快班数名，协同攻击。翌日，刘福成率会勇等四十余名，于夜半抵该处。是时匪众只有一人在外瞭望，余者皆在屋中谈笑，毫无准备。福成将乡勇前后分派妥协，但无敢先射击者。福成鼓起勇气，跳入院中，一枪将匪警击毙，然后跳出墙外，率众四面环攻。群贼闻声迎战，里外相持，各不相下。少顷，贼误将火药缸烧着，轰然一声，天地崩裂，将房盖炸出二三里许。遂大火满院延烧，贼众烧死过半，余者焦头烂额，负伤欲逃，皆被掳获。后奉县令，均就地镇法，人心大快，咸庆为民除害。此役名曰"炮打张家店"，至今仍传为美谈云。

长 春 县

五大村　尹宝和

尹宝和者，山东人也，清光绪年间，始来于五大村齐家窝堡屯行医。数年积有余金。适值旱潦连年，村多饥民，尹氏遂散其积金，以周济之。其后，又买荒地十余垧。因晚年无子，遂将其地舍与天主堂焉。

扶 余 县

五家站村　吴万年

日俄战役，俄军大败北遁，所经村屯，掠夺一空。闻俄军将至五家站镇今永宁镇，住民相率逃亡。吴氏时年六旬有奇，独不避，具怡然待之。既而俄军来，怒村人招待不周，将纵火焚烧。吴出而抗拒，并以大义说之。虽俄军迫以白刃，挞以鞭梃，终不少怯。俄军嘉其勇，乃息焚烧之怒，村镇赖以保存。迄今莫不感叹其英勇云。

长春岭村　张子芳

张子芳，扶余长春岭村人也，年七十五而卒。于前清中叶，科中武秀才。为人梗直不屈，力大过人，常只手握重石远行，以试其力。当民国时代，东北地方胡匪遍地，常自愿参军击匪，屡建奇功。乡里德之。公有子五人，均为俊秀，皆出而仕。公老年，日享清福，党里无不称誉之。

万发村　姜喜永

万兴窝堡有姜喜永者，业商，性梗直，尚节俭，好善乐施。凡贫人踵门乞求者，无不慷慨相助。乡里有贫乞者，姜知之，不待其请求而贷之。他若舍米施衣，竭力为焉。年所入，竟不使有余资。人因其好善行，呼为"姜善人"。殁时，乡党为其悬挂匾额，书曰"急公好义"，以彰其懿行焉。

伊店村西黄家屯　黄平顺

黄平顺，伊店村西黄家屯人也。少贫，从诸叔度日，时遭白眼，恒连日不能举炊。黄每虑家计之艰，慨人情之薄，乃奋力躬耕，先黎明而起，后斗转而息。不数载，房屋连栋，土地连阡，家道由贫而康，由康而富庶矣。黄因一生备尝艰困，故对于老幼残废贫困者，凡有所求，无不竭力周济之。受其惠者，凡数百千，当时咸以"黄善人"称之。

发德保村　李敬洪

清道光年间，有李敬洪者，本村李氏之祖也。为人豪爽，好善乐施，平日处乡党，见父言慈，见子言孝，乡人敬服，均以老会首称之。本村设有公益会善会，公理其事焉。村中无论年节，严禁赌博，以敦乡俗。村中儿童相聚嬉谑，见老会首至，则莫不垂首站立，其敬畏如此。村中贫家婚嫁，公则赠米五斗，丧葬则给棺一具。公之嘉言懿行，至今尤为村人所乐道焉。

八家村大雅达洪屯　赵广

前清末叶，有赵广者，年已花甲，家道殷实。屯内有贫困者，不忍坐视，每年必按夏冬二季，施米舍衣，以救济之。以是，咸呼为"赵善人"焉。后赵公逝世，贫人如失所依，痛哀异常。于引葬时，往扶柩泣哭者，不下千人。

大洼村　钱节妇

县城东北大洼屯，于清同治年间，有蔡氏，钱廉清之妻，年二十于归，逾九年而夫病故。时翁姑在堂，子幼家贫，上奉双亲，下抚孤儿经理家务，夙夜不懈。后翁姑逝世，节妇则殡葬如礼，里党无不钦服，堪称节孝双全者矣。皇帝特赐匾额旌表，家人泐诸石坊，永垂不朽。此同治十三年十月事也。今节妇虽殁，而石坊巍然独存，乡人颇为景仰。石坊额题"清标彤管"，联题"乃雪之寒，乃梅其瘦；如松之秀，如石之坚"。

三家村二十家子屯　张二爷

该屯有张宽者，乐善好施，慷慨好义，急人之难，成人之美，嫁人之女，抚人之孤，凡此类义举，指不胜数。即一般妇人孺子，亦无不知者，而皆颂其德焉。故屯人均以"张二爷"呼之。现张公长辞人世已数十载矣，而屯中每有婚丧之举，乡人则聚首相谈其嘉言懿行，至今犹不忘焉。

五家站村　吴吴氏

吴吴氏，扶余五家站人也，适同里吴德，侍翁姑以孝闻。年二十三，夫病逝，遗一女，父母谋嫁之。泣曰："翁姑病衰，女尚幼，吾苟适人，老幼安归？"于是侍奉益谨，操作愈勤。族人以其矢志柏舟，乃为择子立嗣。养亲教子，备尝艰苦，五十年如一日。后翁姑相继逝世，媳病殁，遗孙六人，氏抚育之，犹不惮劬劳。现年七十有七，为一乡懿范焉。

榆树沟村　吴孝子

孝子吴公名云香，原籍河北省宝坻县吴家大码头人，后迁居于临榆县玉晏口外龙王庙西猴儿沟。光绪二十一年，复迁怀德县城内。其母病故，又迁东山七道滴达河南池落户。每念母墓无人祭扫，即移母柩于扶余榆树沟。民国元年，其父病故，自思报恩无缘，子心有愧，守墓三载。乡人念其纯孝可风，为之树碑立匾，以作世人之楷范焉。

榆树沟村　李凤亭

昔有李凤亭者，系山东潍县人，于清光绪七年来此。生年十八岁，尚独身，生计日艰，一贫如洗。初于宋氏天宝堂佣工。为人忠诚勤慎，善事主人，凡名人之经世要言，必牢记心中，作为治业之箴铭。渐长，虽为文盲，而做人治业之道具备。后乃集资开创三合长商号，经济渐丰，信仰益著，遂为本乡之名望者。生有五子，法窦氏教子之方，因而四子成名。长子卒业于师范学校，余三子皆于北京国立大学卒业。李氏之家声，因之更大振矣。

陶赖昭　朱才

东三家子村有朱才者，因其行二，人皆以"朱二爷"称之。生性慷慨好义，当仁不让。每逢年节，乞丐辈皆来祈求救济，二爷向不厌彼辈之寒酸态，且昵就之。虽有不当意时，亦不肯峻词斥逐，因之有托身庇下十余载者。则其仁慈之德，当可概见。今朱氏已作古十余载，乡党而以口碑宣其德者，尚不乏人焉。

扶余街　瑚图礼

瑚图礼·甫福海，伯都讷副都统署右司主稿德成之长子。生年七岁，出就乡先生读。因家贫辍学，每率诸弟赴原野析薪以佐炊，手足胼胝，不以为苦。年十八，始入八旗官学读书，嗣充副署书记。因从公勤奋，迭经长官保奖，历任浩色逊札保各站笔帖式及拉林仓官、满教习，所在能尽职。旋循例改武职，累官至右翼协领，赏戴蓝翎。公性孝友，事父母生死葬皆尽礼。教诸弟以义，诸弟事之亦维谨，故昆仲五人，皆博一官。禄余所积，家计日丰。公惧诸子弟或即奢靡也，因以身作则，菲衣啬食，一如寒素时。公虽薄以自奉，而乐善好施。凡贫困戚族，衣食不给，婚丧不举者，咸倾囊慨助之，无吝容，无德色。庚子之乱，黑河一带难民襁负而逃。聚松花江北岸者数以万计，流离待哺，众口嗷嗷。公募集米三船，只身冒万险，运米至灾区以赈之，全活无算。迨返里后，见年荒谷贵，贫者无所得食，因自力设粥厂，日日施食，以资救济。

嗣循众请，改粥为米，每日每人米一碗。计县城内待米而举火者，不下数百家。自光绪二十八年，迄今三十年如一日，赖米以存活，无虑数万众。是以公殁时，被赈群众不期而环哭灵前者数百人，哀声动邻里。公享年七十有九，临终犹嘱其子孙曰："我死后仍日日施米，赈济贫困，以竟我未了之志"。并出巨资，捐助慈善会养济所及贫穷戚族各有差。是公好善之心，可谓至死不倦矣。惜公殁未数年，家即以债积析产，无复昔日门庭之盛矣。子贡生，在扶余教育界服务有年，而不善治生产，致财绌力困，不克继承先志。孙祖荫，年已弱冠，现正负笈东渡，矢志于见学云。

县属六区　吕德升

吕德升少贫，与人为佣。及壮，始购耕牛数头，与人为佃户。夙兴夜寐，甘苦备尝，操持家政，克勤克俭。以故少时贫无立锥，今则田连阡陌。迩虽年过古稀，犹操作不少休，故乡里多以"治家之模范"称之。

县属六区　孙房氏

孙房氏，年十八于归，二十即孀。斯时膝下仅一女，犹在襁褓。而氏则以孝事翁姑，以慈育幼女，执妇道惟谨，守闺范惟严。行年三十，始过继族兄之子，以承宗祧。而氏乃慈爱备至，视如己出。氏虽年已半百，其冰霜之节，如一日焉。

县属六区　王耀亭

王耀亭，学识渊博，深明大义，善属文，寡言笑，言动必绳以礼。迨年三十，经理家政。宣统二年岁暮，赴石城镇，偶于商号中拾钱数百缗。彼思值兹岁末，用款孔殷，富者犹可，贫者奚堪。乃于商号中坐待失者觅取。卒至日暮，而失者始至。询其数，与所拾者符合，乃尽数还之。惟以善人早萎，竟于民国九年逝世。至今，邻里间咸以其拾金不昧，大有古杨震之遗风焉。

县属六区　王宋氏

王宋氏，年十八岁于归王家。行年二十即为孀，斯时仅一子未周岁。而氏乃摒除脂粉，力崇缟素，以孝事翁姑，严守闺范，殊无戚色。日执妇役，夜勤纺织，晏如也。迨年四十分炊，其子尚就学吉林。氏则家事亲操，惟勤惟俭。每值子假归，则谆谆教以和睦邻里之道，及处身涉世之方，以此闾阎咸以节孝称之。氏现年逾半百，犹健壮，其子已能秉懿训而自立矣。

县属六区　王采五

王采五，少读书，能文，笔下千言，倚马可待。秉性忠正，急公好义，每遇赈济，则倾囊资助，无吝色。或邻里有急难，亦必努力维持，虽昼夜奔忙，殊无怨言及自得之色。以故地方公益事业，经其首倡者甚多。独惜吉人不寿，竟于大同元年逝世。而地方一般后起维持公益者，无不奉为典型焉。

县属六区　王文翰

王文翰，性忠介，不苟取，持身俭约，笃于伦常。少时读书未成，弃而习岐黄术，以故精于外科。及年三十，即经理家务，夙夜匪懈，克勤克俭。每值邻里有婚不能娶，丧不能葬者，则必竭力资助。乡党有口角之争，则力为排解。故其生时，为一乡所崇仰，殁，则为一乡所惋悼焉。

长春岭村　初逌轩

长春岭村有初逌轩者，为该村之望族。家拥巨资，每仗义疏财，济艰维难，有口皆碑。且为地方事，手足胼胝，不遗余力。于清光绪二十六年，俄兵至此称俗跑毛子之年，俄人酒醉后，每喜嗜杀人，人咸畏惧，全城闻讯逃匿一空。公独留守不去，应酬俄军，概不怯惧。故地方赖公之德，并无遇害者。

长春岭村　王老太太

村西赵家屯有王老太太者，殁于民国十七年。平生乐善好施。年四十，欲为尼，请夫不准。乃将针黹余资，为夫买一婢妾，矢入尼门。夫怜其志坚，为之建一庵寺，不幸遭火患。王老太太乃奔波各处，兴办惜老怜贫之事。其热心社会事业，可以法矣。

农 安 县

王好善

清光绪时，有老翁王殿阳，年八十余，家道殷实，好善乐施。见老幼废疾贫穷者，施济衣食。至今，乡民尚称道不置云。

李大先生

清李大先生，名文明，居农安西之架各苏台，知诗书，兴义塾。家虽不甚富，然性颇好善乐施，故四乡咸荣誉之。光绪年间，每遇水灾天旱，乃舍粥以济贫民。遇衰者，解衣给之。客死者，施舍葬地。故人称为"善人李大先生"，远近皆知焉。

德 惠 县

天台村 孙福林

清嘉庆年间，有孙福林者，名绍唐，为清同治秀才。彼时福林年五十余，家贫如洗，衣食不给。后肩挑贩卖，获蝇头之利，赖以生活。彼家虽贫，目光远大，趋向异人，于贫困之中，尤能节俭日用之费，供给其子学费，使之入学。子入学后，勤勉用功，日夜苦学，不稍间断，后果及第成名。设帐多年，四方生徒，不远千里，负笈就学，多至千百余生徒。一时光宗耀祖，显亲扬名，乡里咸称赞之。

大房身村 陈善人

清道光年间，于县东南羊草沟屯，有一好善乐施之陈翁，名孝者，家道殷实，平生以慈善为怀。每有老幼残废及鳏寡孤独者，一入其门，无不和蔼欢迎，至诚周济。并饥则食之，寒则衣之，或留宿，或助钱，时有所闻。于是，贫者莫不颂其德、歌其功也，故有陈善人之称。陈翁于寿终时，受其惠者，远近闻之，莫不悲叹。并趋前致祭者，亦大有人在。此翁之善风美德，至今乡里尚有口皆碑也。

达家沟村 张溪桥

本村榆树林屯，昔有张公溪桥者，年少读书，聪颖异常，过目成诵，素有才子之名。方其在塾时，好诙谐。一日先生未在屋，谓同学曰："余有一灯迷，诸君试猜之。"乃将拇指向桌上一立，同学皆不解。乃曰："是非'可坐而定也'之句乎？"众不禁哄堂。及长，其为文也，如长江大河，一泻千里。后入于江省寿将军之幕，于洮南复任荒务局总办。庚子事变后，复转升奉天东边候补道。乃年未五十，遽尔沦殁。怀才未展，惜哉。

大青咀村 鲁景曾

于清道光年间，本村有鲁景曾者，原名也参，兄弟四人，彼居其三。二兄一弟，皆务农。彼幼即好学，经良师善诱，学业大进。中年后，屡进京赴考，惜皆未中。归家即教导子侄等，而子侄皆以入泮，独彼一芥功名未就。但志仍未稍懈，刻苦钻研。于清光绪戊子科，复应试。圣上嘉其诚，恩赐翰林编修之职，时年已六十四岁矣。声誉感动闾里，咸佩其志之坚，意之诚。彼以年老不仕功名。迨三年后，即逝世。

岔路口村　梅冯氏

光绪年间，有孀妇梅冯氏，年三十一岁，其夫殁。行年四十有五，其子万有年二十四岁又殁。子媳梅刘氏，年才二十六岁，孙书贵，仅三岁，孤孀三人，相依度日。且贫困异常，一无积蓄，所需衣食，均仰给于梅氏十指。氏治家有道，教孙有方，克勤克俭，无怠无荒。以鞠抚为念，忍饥耐寒，茹苦含辛，松筠劲节，至死靡他。氏虽妇人，且出外营商，栉风沐雨。是以勤劳所得，先置良田三十五垧，后又置二十七垧。其晚年，家道已兴，而勤劳之心，未尝稍懈也。于民国十九年六月十三日，享年七十有五，偶染疾病，竟溘然长逝矣。追溯氏之生平，对于善事，无不乐为。尝助慈善会及男女义学，以教化人才。又尝助赈，以济灾黎。故虽亡去，氏之功德尚存焉。

舒　兰　县

二区潘家屯　陈辅公

乡中昔有陈君辅公者，家道小康，乐善好施。屯内自南而北，有一横水沟，深约数尺，行旅苦之。陈君乃慨解仁囊，建筑石桥一座，坚固非常。迄今二百余年，尚完好如初。两侧老榆参天，枝柯繁茂，夏季行旅咸于此休息纳凉，实胜境也。

二区　徐介眉

舒兰设校之初，徐翁介眉即执教鞭于此，以故桃李满邑。不幸中年患翳，自请去职，退居林园，以息事宁人为己任。乡里每有公私大小事务，未尝袖手越趄。故康德四年秋，值徐翁与世长辞之际，凡知其为人者，即路人亦为之惋惜不止也。

榆　树　县

封堆屯　姜二奎

姜二奎，封堆人，现年四十九岁，生于清光绪十七年。性至孝。于"大同"

元年八月间，由富锦归来，行至三岔河驿，讵下车后，川资已尽，彼时既无亲友，又鲜故人。彼身负七十岁之老母，徒步行至封堆，沿途乞食以供母，己独忍饥饿。封堆去三岔河不下九十余里，彼竟负亲回里，亦云孝矣。

兴隆乡　张好善

张云贵，清末榆树县兴隆乡人也。平生好善乐施，屈己济人，凡乡里公益之事，无不热心办理，而尤著者，为修道之事。好善家居洼道之旁，其地为南北往来必经之路。每届春季雪融，及夏天久雨时，道路泥泞，行走不易，甚至车马一日只行数里者。旅客呼号，牛马饱受鞭笞，苦不可言。好善目睹此状，立志修垫道路，以解旅客跋涉之苦，牛马鞭笞之痛。故每于农暇时，即持锄畚担土，修补洼道。不数年，洼道垫起，平坦如砌，虽经雨雪，亦无难行之患。于是往来行旅称便，争颂其德，"好善"之名，由是大噪。

泗河城村　钱李氏

永和屯有钱李氏者，自二十二岁夫亡守节，现年八十岁，齿德俱尊，事翁姑以孝闻，教子颇有方云。

于尚恒

于尚恒者，乾隆年间人也，性刚直，好施与。时以学校不兴，地多文盲，故家仅中产，即出其半，创设于氏家塾，以救济当时学者。秀水之王、杨、刘等富绅见之，曰："此义举也，胡为我后。"于是争以田产助之。于殁时，嘱诸子曰："家塾事务，当继之。"越四世，至瀛洲，为人英爽，大有乃祖之遗风。见学童过多，家塾范围极狭，乃招集地方绅耆，语之曰："先人创此事，志未在斯。愿勿隳其志，以展其业。"因去"于氏家塾"，改名曰"义塾"。及光绪三十三年，复改为学校，即今之秀水学校也。念此校之所以有今日者，未始非该老之功也。时人谚曰："济公好义于尚恒。"其为人可以想见矣。

夏宝屯　王阎王

清代嘉庆年间，乡中有王明者，精于武术，膂力过人，每餐升米不饱。为人性行直爽，好善乐施，邻里有难，竭力援助。是以仁声载道，乡里咸德之。惟对里中之一般轻薄少年，行动不慎者，则严厉责之，不稍宽宥。群众畏之，故以"王阎王"呼之。

四、民谣（俚语）

吉 林 市

吉林市内　吉林城

吉林城，琵琶湾城如琵琶形，铜帮铁底松花江近城江底及两岸多砂石，故云。

八卦图

八卦图，在北山图中坎字属水，故又名避火图，真武庙前黑旗杆，你打水，我抽烟。

方位图

左青龙龙潭山，右白虎小白山，前朱雀江南猪石磊子，后玄武玄天岭。

杀个净

杀个净，剃个道光绪庚子夏，由奉来吉之义和团号称净大法师者，勾连虫王庙道人，欺害商民，经长将军查知为假义和团。着人夜入其帐，并道人悉杀之。剥了猴张皮卖药商以猴为记，吴长胡子上了吊此二人信教，为净法师所害。吉林刀兵劫，从此永去掉。

麻野雀

麻野雀，尾巴长，娶了媳妇忘了娘。老娘放在深山里，媳妇背到炕头上。

小轿车

小轿车，白马拉，叮叮咣咣回娘家。爹看见，往家拉，娘看见，抱娃娃，哥哥看见背包袱，嫂子看见一扭搭。"嫂子嫂子你别扭，不吃你的饭，不喝你的酒，当天来了当天走。"

永 吉 县

太平歌

日从东方升，照得满天红，宵小皆敛迹，鬼怪逃无踪。太阳出来正在东，十日雨来五日风，家家户户庆升平。

劝善歌

世路崎岖最不平，这人要把那人倾。见利相趋惟恐后，大粪落满绿豆蝇。

人人怕

胖子怕衣小，矮子怕登高，驼子怕过桥，跛子怕赛跑，医生怕病好，愚人怕鸦叫，穷人怕年头涝，保险行里怕火烧，房产地业怕水漂。

农谚

豆打长杆，麦打齐。

麦收九十九，不收一百一。

大麦不受二伏气，小麦不到三伏天。

谷收三千，麦收六千。

早秋收，晚秋丢。

车辆响，萝葡长。

人盼秋忙，马盼打场。

三春不如一秋忙，就是绣女也下床。

鹦鹉佳人巧对

"天作棋盘星作子，""地作琵琶路为弦。""天作棋盘无人下，""地作琵琶无人弹。""你要能摆我就下，""你要安弦我就弹。""绿毛禽鸟不能分五路，""凡间女子怎能上青天。""红嘴绿毛人人爱"，"红粉佳人可人怜。""避鼠的狸猫你怕不怕，""丑陋的郎君你嫌不嫌。""装到笼里你闷不闷，""独坐绣房你准孤单。""红嘴绿毛真好看，""我瞧见佳人更喜欢。"

夸火车

火车跑，快如梭，坐在里头多快活。火车叫，已经到，急上票房去起票。火车长，铁路强，往来便利又安康。

喜鹊叫

喜鹊叫，把信报。早报喜，晚报财，不早不晚有人来。

农家乐

丰年里，农人喜，到秋收，乐不已。割高粱，拉谷子，夜晚眠，早快起。身体劳，心里喜，打了场，去赶集。

当兵

当兵好，当兵好，当兵把民保。胡匪溜，马贼跑，威震东亚声名好。提着机关枪，放着迫击炮，嘟嘟三声响，看妖魔何处藏。护国保家才算男儿汉，来来，大家努力，快把枪来扛。

自立

男儿立志当自强，不可依赖他人谋衣裳。靠人吃饭终有失，仰人鼻息哪能长。牛马待人果口腹，终日奔波还受呵叱。要图尊贵无他术，赶快勤学增知识。

大烟害

大萝卜，外面红。抽大烟，要受穷。伤身体，坏家风，先人产业一扫空。亲戚无人理，朋友不相逢，惹得世人乱传述，这种害处真非轻。赶快的，脚一跺，心一横，跳出苦海登乐境，富贵荣华世无穷。

要嘴吃

小弟弟，笑嘻嘻，望着人家吃东西。伸出手来上前要，人家不给脸发赤，流着眼泪哭啼啼。

小猫

猫儿吃饭不用汤，一天三餐很匀当，不吃零食不吃糖，到了晚上工作忙，吓得老鼠都躲藏。

小黑羊

小黑羊，胡须长，穿皮袄，高鼻梁，咩咩叫，跪着吃乳报答娘。长大成人不行孝，此等人儿不如羊。

孝父母

一二三四五，金木水火土。天地分上下，人当孝父母。

自强歌

天上下雪地下滑，自己跌倒自己爬，亲戚朋友拉一把，酒换酒来茶换茶。

卫生歌

零食不入口，饭后百步走，早起看日出，睡觉不蒙首，年纪活到九十九。

拉大锯

拉大锯，扯大锯，姥家门口唱大戏。接姑娘，唤女婿，小外甥也要去。杀绵羊，宰母鸡，小外甥，哭啼啼。拉来马，套上车，送你快回去。

说媳妇

买地别买沙坨子，买牲口别买撅嘴骡子，说媳妇别要后老婆子。

小小子

小小子，坐门墩，哭哭啼啼要媳妇。要媳妇做什么？做鞋做袜，做裤做褂，点灯说话，吹灯做伴不害怕。

盼年

小孩小孩你别哭，过了腊八就杀猪。小孩小孩你别馋，过了腊八就是年。

怨媒人

二八佳人女裙钗，桃花粉面泪下来，伤心不把别人怨，只怨媒人没有来。

两口子打仗

烧饼鼓气的，两口子打仗故意的。豆芽菜，炒两盘，两口子打仗闹着玩。

青苗歌

风来好，雨来好，高高山上长青苗。青苗青，青苗长，今年多打二斗粮。

戒早婚

小学生，快乐多，不幸娶个大老婆。家规妇道他不守，一心要做破烂货。叫他刷锅不刷锅，骑着锅台唱秧歌。叫他扫地不扫地，拿着苕帚唱大戏。叫他喂狗他骂鸡，叫他做东他做西。叫他洗脸不洗脸，他说没有胰子碱。叫他点灯不点灯，他说外面刮大风。叫他梳头不梳头，他说没有桂花油。叫他戴花不戴花，他说婆婆没在家。叫他刷牙不刷牙，他说一生爱乌牙。真不幸，遇见他，将来一定要败家。奉告世人快醒吧，早婚之害似天塌。

一二三四五

一二三四五，金木水火土，甜瓜虽好吃，必须经过苦。

兄在外

兄在外，嫂在家，少擦脂粉少戴花，少在门外打哈哈。

好大瓜

笑到南园里，哎哟好大瓜，青皮羊角蜜，红子马蹄沙，泡甜真可口，稀酥不崩牙。

小公鸡

小公鸡，尾巴长，娶了媳妇忘了娘。老娘要吃油酥果，油酥果吃不得。媳妇要吃大鸭梨，快着上街去赶集。买了梨，倒坐门坎打梨皮。慢慢吃，慢慢咽，看着梨核噎着你。

打吗啡

抽大烟，打吗啡，披麻袋，露着腿，扎一针，咧咧嘴，你说后悔不后悔。

山老鸹

山老鸹，尾巴长，娶了媳妇忘了娘。老娘要吃干烧饼，没有闲钱填窟窿。媳妇要吃香水梨，买东集来赶西集。倒坐门坎打梨皮。细细嚼，细细咽，小心梨儿噎着你。

三宗好

抽大烟，三宗好，穷的快，死的早，抬着棺材又轻俏。

流行语

不刮春风，难下秋雨。有钱难买五月旱，六月连雨吃饱饭。

养儿要亲生，种地要深耕。

日进斗金，不如日省分文。

嫁出门的女，泼出门的水。

女儿的饭店，儿子的江山。

靠山烧柴，靠河吃水。

三人同心，黄土变金。

种地不上粪，竟是瞎胡混。

屈死不告状，穷死不作贼。

种地没神没鬼，全仗粪和水。

时派

时派时派真时派，不像从前老腐败。身穿洋服翻着领，卷腿裤子把脚盖；本来不识字，硬把钢笔带，你说时派不时派。

一天三个早

晨起早，读书好。早饭早，做事好。夜睡早，身体好。天天三个早，一直活到老。

窑户四时歌

春日里，春风和，家家窑户做泥活。厂房做窑场所师傅做窑匠人忙不住，贩窑老客特别多。

夏日里，天正长，家家窑户十分忙。日日工作不休息，每天总出二百缸。

秋日里，天渐短，各窑缸瓮全做完。一窑年年二百套，哪套都值十块钱。

冬日里，寒气高，冰天雪地把窑烧。正外烧窑者帮外烧窑助手无时息，烟火腾腾透九霄。

关东五大怪

草坯房子篱笆寨，窗户纸糊在外，烟筒安在山墙边，晚上睡觉头朝外，大姑娘出门衔烟袋。

春景歌

春日春山春水流，春风春草放春牛，春花开在春园里，春鸟落在春树头，春天学生写春字，春日景色真可留。

日暮歌

日落西山黑，乌鸦满天飞。学生离家远，何不放学归。

说倒话

稀奇稀奇真稀奇，麻雀踏死老母鸡。蚂蚁身长三尺六，八十老头坐在摇车里。东西街，南北走，出门遇见人咬狗，拿起狗来打砖头，又怕砖头咬了手。

颠倒颠

反唱歌，倒起头，我家园内菜吃牛。芦花公鸡吃毛狗，耗子衔着老猫走。从来不说颠倒话，口袋驮着骡子走。

夸学生

雄鸡叫，天将晓，小学生，起得早，深深呼吸练体操，身体强健精神好。小学生，志气高，能吃苦，能耐劳，品行端正学问好，更无一次迟到校。孝父母，敬师长，爱学友，不吵叫，师长同学均称赞，每天快乐有多少。

绕口令

一、昨夜做个梦，梦见寿星老，骑个大苍蝇，左手拉着苍蝇膀，右手拉着苍蝇鬃，嗡嗡嗡，起在空。天上看，满天星。地上看，大土坑。屋里看，点着灯。墙上看，钉着钉。钉上看，挂着弓。弓上看，落着鹰。西北天，刮大风。刮散了，满天星。刮平了，大土坑。刮灭了，屋里灯。刮掉了，墙上钉。刮崩了，钉上弓。刮飞了，弓上鹰。星散、坑平、灯灭、钉掉、弓崩、鹰飞、星、坑、灯、钉、弓、鹰。

二、墙上挂面鼓，鼓上画老虎，老虎抓破了鼓，买块布来补。不知布补鼓，还是布补虎。

三、高高山上一条藤，藤条头上挂铜铃。风吹藤动铜铃动，风停藤停铜铃停。

四、西湖一座金字塔，鸟儿飞过擦一擦。不知是塔擦鸟，还是鸟儿擦塔。

五、张家的羊，李家的墙，张家羊撞倒李家墙，李家墙压死张家羊。张家要赔一只羊，李家要赔一堵墙。

农歌

天上黄澄澄，就要刮大风，刮风就下雨，下雨就歇工。咱家有一老，弯腰把地扫，不扫呆不住，扫扫倒也好。

流口圈

小鸡咯哒哒，要吃小黄瓜。小黄瓜留种，要吃油饼。油饼不香，要吃片汤。片汤不烂，要吃鸡蛋。鸡蛋糊嘴，要吃牛腿。牛腿有毛，要吃香鹤。香鹤有尖，要吃猪肝。猪肝有血，要吃老鳖。

糖梨树，糖梨糖，糖梨树上盖瓦房，三间瓦房未盖起，（四）〔三〕个亲家来贺喜。三头猪，三头羊，三个骆驼摆城墙。城墙放碗油，三个小姐来绣球。大姐绣个莲花瓣，二姐绣个看花楼，三姐不能绣，绣个狮子滚绣球。

小宝宝

小亲亲，小宝宝，你家小猫坏透了，许多耗子他不咬，衔着金鱼可处跑。

月亮光

月亮白光光，贼来偷酱缸。聋子听见忙起床，哑子高声喊出房，跛子追上去，曲（臂）〔背〕也来帮。一把抓着贼头发，看看是个秃和尚。

小老头

一个小老头，戴个小帽头，穿双破鞋头，到北头，捧着一盘小馒头，在街上碰着一个小石头，绊了一个小跟头，撒了一地小馒头。小老头，低下头，回家挨他妈妈一拳头。

秃子烧香

有个秃子本姓高，初一十五把香烧，人家烧香为儿女，秃子烧香为长毛。到了三天毛长上，又烧香来又挂袍。过了三天毛掉了，搬起菩萨用火烧。

秃乖乖

大秃子得病，二秃子瞧，三秃子抓药，四秃子熬，五秃子买板，六秃子凿，七秃子往外抬，八秃子往里埋，九秃子从南哭着来。十秃子问他哭什么，他说他家死个秃乖乖。好好抬，好好埋，不要把秃乖乖露出来。

酸枣树

酸枣树，叶儿小，咱家娶个新大嫂。做活快，起的早，鸡叫一声起来了。牛棚走，马棚蹿，鸡鸭鹅狗看个遍。南园揪把葱，北园掐把蒜，来家问婆婆，要做什么饭。打油饼，炒鸡蛋，伺候小姑吃完饭，上西楼，纺绒线。

小白菜

小白菜，地里黄，七岁八岁离了娘，跟着爹爹还好过，就怕爹爹娶后娘。娶了后娘三年整，生个弟弟比我强。弟弟吃面我喝汤，端起碗来泪汪汪。弟弟穿的绫罗缎，我身穿的粗布衣裳。弟弟花钱如流水，我要花钱难上难。弟弟上学把书念，我在家里牧牛羊。牧罢牛羊又拉磨，晚一会儿怕后娘。河里花开河里落，后娘待我太凄凉。亲娘想我一阵风，我想亲娘在梦中。

绿荷花

绿荷叶，红荷花，弟弟拍手叫哇哇："花啊花啊，快开吧，开花结个大甜瓜。"哥哥听说笑哈哈，哈哈笑着告诉他："这是荷花非瓜花，只结莲蓬不结瓜。"

十二月

正月里，是新年。见长老，先请安。拜年的，多喜欢。高声炮，红查鞭，咕咚咚，响连天。

立春节气暖，雨水沿河边。

二月里，龙抬头。打春饼，和豆油。烧猪脚，烤猪头。大小人，踢熊头，房檐上，冻冰溜。

惊蛰乌鸦叫，春分水归沟。

三月里，三月三。跳大神，会群仙。手打鼓，腰铃拴。摆香供，押堂钱，咚咚咚，闹个欢。

清明忙种麦，谷雨种大田。

四月里，到十八。娘娘庙，把香插。赶台子，乱喧哗。糖烧饼，大麻花，门葫芦，洋喇叭。

立夏蛤蟆叫，小满鸟全来。

五月里，正端阳。采艾蒿，插在房。屈原溺，汨罗江。粽子吃，饮雄黄，到如今，还不忘。

芒种开了铲，夏至棉衣藏。

六月里，六月六。青苗会，各屯有。苗王爷，供猪头。弄纸旗，拿在手。苏叶饼，送地头。

小暑不算热，大暑伏天头。

七月里，七月七。牛郎星，会织女。隔天河，两岸居。喜鹊来，搭桥梯，渡他们，过河去。

立秋忙打靛，处暑麻小弯。

八月里，是中秋。月里兔，供毛豆，大鲜桃，老鲜酒，甜月饼，酸葡萄，好西瓜，真可口。

白露烟上架，秋分大田收。

九月里，九月九。费长房，桓景救。登高山，饮菊酒。庄稼地，收完秋，马牛羊，大撒手。

寒露忙拉地，霜降变了天。

十月里，十月一。家家户，上坟去。奠酒馔，焚钱纸。古年间，留下的，这算是，老规矩。

立冬就要冷，小雪封地严。

十一月，好冷天。地上冻，江封严。穿皮袄，套坎肩，跑爬犁，降雪天。卖粮车，赶的欢。

大雪冬月节，冬至属九天。

十二月，到腊八。大黄米，稀粥馇。二十三，买糖瓜，送（皂）〔灶〕君，上天啦。三十晚，除夕啊。

小寒腊月节，大寒年底下。

二十四节

立春阳气转，雨水沿河边。惊蛰乌鸦叫，春分地皮干。清明忙种麦，谷雨种大田。立夏鹅毛住，小满鸟来全。芒种齐开铲，夏至不纳棉。小暑不算热，大暑在伏天。立秋忙打靛，处暑动刀镰。白露齐割地，秋分无生田。寒露不算冷，霜降变了天。立冬交十月，小雪河封严。大雪车才动，冬至不行船。小寒清理账，大寒过新年。

乌拉街　我们的学校

学校学校，左右靠庙，前有园通楼，后有娘娘庙，楼里有铜佛，庙里有僧道。上有乐贤亭，下有国民校，后有实习地，前有优级校。诸位看此景，美妙不美妙。如要有儿童，送入国民校，读上十年并九载，出去就作大上校。身穿军衣服，头上戴军帽，脚上穿皮靴，腰中挂大刀。那时显父母，也把祖宗耀，你看美妙不美妙。

劝勤劳

勤劳好，勤劳好，农人勤劳出产饶。勤劳好，勤劳好，工人勤劳做物巧。勤劳好，勤劳好，商人勤劳挣钱票。勤劳好，勤劳好，军人勤劳立功劳。勤劳好，勤劳好，学生勤劳知识高。

劝读书

小同学，长精神，课程坏，不要〔10〕别懊丧，快用心，父母望，乡里钦。存大志，报亲恩。定家邦，立功勋。事业就，裕后昆。春雷一声振动了乾坤，那时才知书内有黄金。

劝同心

你也勤来我也勤，二人同心土变金。你要行船我发水，我要下雨你铺云。

盼新年

花狗汪汪叫，嚷着新年到。妹妹唱国歌，弟弟放鞭炮，哥哥去拜年，姐姐做花糕。新年真热闹，母亲乐得眯眯笑。

蛟河县

到娘家

蒲笼车,大马拉,哗啦哗啦到娘家。爹爹出来抱包袱,老娘出来抱娃娃,哥哥出来抱匣子,嫂嫂出来一扭趷。"嫂子嫂子你别扭,当天来,当天走,不吃你的饭,不喝你的酒。"

光棍

光棍光,光棍病了谁作汤。光棍苦,光棍衣裳破了谁给补。光棍乐,光棍吃饱了,一家都不饿。

纺花车

纺花车,转的圆,养活女儿活赔钱。四盘菜,两壶酒,打发女儿上轿走。爹跺脚,娘拍手,再养女儿是老狗。

夫妻打架

公鸡打架头对头,夫妻打架不记仇,早起一盆洗脸水,晚上一个花枕头。

九十九

吃饭减三口,饭后三百步,强如药铺走。早起看日出,睡觉不蒙首,年纪活到九十九。

农人乐

庄稼人,快乐多,春日种,夏铲草,秋日割,冬天坐家吃饽饽。

祭祖

可笑,可笑,真可笑,放猪的得了一顶乌纱帽。回家去祭祖,咕咚咕咚三声炮,把老祖宗吓一跳。老祖问少祖,少祖说我不知道。咱家没有读书人,哪里出来一个活现世报。

懒媳妇

你怎么不梳头?没有桂花油。你怎么不洗脸?无有胰子碱。你怎不关门?外边还有人。你怎不点灯?屋内有了风。你怎不戴花?丈夫未来家。

吉林 乡土 志

腊月里

腊月里真难熬，当家的人儿好心焦：老婆叫来孩子吵，孙男孙女要花又要炮，儿子还要时兴帽，媳妇也要大红袄，老婆说："我还少副裹脚条。"

盼年

小孩小孩你别哭，过了腊八就杀猪。小孩小孩你别馋，过了腊八就过年。

猫头

猫头柁上落，新媳妇床上坐。猫头来道喜，新媳妇压百祸。

小老鼠

小老鼠，上灯台，偷油吃，下不来，唧唧呱呱叫奶奶抱下来。

敦 化 县

儿歌

敦一敦二敦三缸，三缸媳妇会打枪，一要要个盘子碗，不多不少十六点。

擀面

谁家小姑娘会擀面？我家小姑娘会擀面，一擀擀成片，一切切成线。

小公鸡

小公鸡，上草垛，没有娘的孩子真难过。后娘嫌我吃的多，亲爹嫌我穿的破。

刘三姐

南山住个刘三姐，梳油头，戴翠花，骑着毛驴上娘家。爹爹出来接毛驴，妈妈出来接包袱，哥哥出来走一走，嫂子出来扭一扭。"不用走，不用扭，不吃你的饭，不喝你的酒，当天来，当天走。"爹爹撵出院当心〔11〕，妈妈撵出大门口。"姑娘姑娘多咱来，以免爹妈挂心怀。""爹若死了妈不在，打发外孙披麻戴孝来。"

桦 甸 县

小蜜蜂

小蜜蜂，嗡嗡嗡，飞到西，飞到东，一飞飞在花园中。花园中，花园中，梨花白，桃花红，忙着去做工。去做工，去做工，采了蜜，贮巢中，预备过寒冬。

磐 石 县

酒

酒是汽流水，醉人先醉腿，嘴里说胡话，眼睛活见鬼。

麻面无须不可交，矮子心中三把刀，混账不过一只眼，一只眼还玩不过水蛇腰。

龙生龙，凤生凤，老鼠生来会盗洞。

吉林三宗宝

吉林有三宗宝：人参、貂皮、乌拉草。

娶个媳妇满屋红，赔送姑娘满屋穷。 东屋点灯亮腾腾，西屋不点灯黑咕咚。

雷声大，雨点稀。

耗子满地跑，必定有窟窿。蛤蟆咯咯叫，必定有大坑。

下雨好，下雨好，一个推磨两铡草，一个小猴披蓑衣，赶着猪羊跑。苗儿秀，草儿老，日落荷锄还嫌早。

穷在大街无人问，富在深山有远亲。

不当家，不知柴米贵。不养儿，不知父母恩。

一物降一物，卤水点豆腐。

有福不用忙，无福跑断肠。

家中三样宝：丑妻、近地、破皮袄。

一九，二九，在家死守。三九，四九，棍打不（朽）〔走〕。五九、六九，加饭加酒。七九、八九，东家要留也不回头。

儿行千里母担忧，母行千里儿不愁。

媳妇上了床，媒人靠南墙。

瞎子狠，秃子愣，一只眼，发豪横。

仙鹤头上血，黄蜂尾上针，最毒不过妇人心。

好汉无好妻，赖汉娶花枝。

穷养猪，富读书，光棍不吃眼前亏。

有麝自来香，不用大风扬。

交人交心，浇树浇根。

三人同了心，黄土变成金。

嫁汉嫁汉，为的是穿衣吃饭，有了就过，没有就散。

催眠歌

软绵绵，暖洋洋，娘抱孩儿入梦乡，梦乡就在娘身上。娘望你的爹做工做罢早回家，儿呀，儿呀，你也望他吗。轻风吹，微波漾，池塘水满笑纹涨，笑纹又在儿脸上。水也疲倦啦，鱼虾不动船不划，儿呀，儿呀，你也睡睡吧。

八月十五云遮日，正月十五雪打灯。

彗星发现出奸臣，明星坠落死伟人。

当天下雨当天晴，三日以后还得找零。

月芽歪，粮食衰。月芽仰，粮食涨。

旱下牛毛无大雨，涝下牛毛不晴天。

老云接驾，不是阴就是下。

大毛愣出来二毛愣撵，三毛愣出来白瞪眼。

早看东南，晚看西北。早晨下雨一天晴。

清明不断雪，谷雨不断霜。

西虹云彩，东虹雨。

孤雷不过三，过三十八天。

清明刮去了坟头土，庄稼佬一年白受苦。

春种早一日，秋收早十年。

八月十五下一阵，旱到来年五月尽。

处暑不出头，到秋喂老牛。

燕子穿天蛇过道，老农不信拔艾蒿。

一年两个春，黄土变成金。

远亲不如近邻，近邻不如对门。

亲戚远来香，邻近高堆墙。

打了一个和尚满寺羞。

卖豆腐置了河洼地，浆里来，水里去。

丑媳妇难免见公婆。

人不尽百言，木不尽百斧。

平日不烧香，忙来抱佛脚。

爹有娘有，不如自己有。

一拳打个窟窿，自己过得去，也让人家过得去。

老鸹落在猪身上，看见人家黑，不见自己黑。

山高遮不住太阳。

家家卖烧酒，不漏是好手。

卖酒不掺水，死了对不起鬼。

衣是新的好，人是旧的好。

庄稼是人家的好，孩子是自己的好。

河里无鱼市上取。

好汉护三村，好狗护三邻。

好花还得绿叶扶。

大篓撒油，满地拣芝麻。

老猫炕上睡，一辈留一辈。

快刀割不断长流水。

人奸了没饭吃，狗奸了没屎吃。

快刀打豆腐，两面见光。

好汉怨自己，赖汉怨人家。

随年穿衣，随年吃饭。

行家伸伸手，便知有没有。

清明难得晴，谷雨难得雨。

兔子不吃窝边草，有志小子四外跑。

伊 通 县

过年

莫怪儿童喜过年，过年之乐非言宣，亲朋馈赠多恩物，更有爹娘压岁钱。

火大无湿柴，只怕懒人置不来。

干柴细米不漏屋，哪怕老天下大雨。

不怕墙高狗厉害，就怕老头勤起来。

早受气

早养儿子早得（劲）〔继〕，早娶媳妇早受气。妈妈要吃大烧饼，儿说无钱补笊篱。媳妇要吃面酸梨，快拉麦子快赶集，快快去买面酸梨，快拿刀来快打皮。叫声媳妇慢吃梨，小心酸梨卡着你。

月婆婆

月婆婆，月婆婆，你的女儿恁般多，何不给我做老婆。

小寡妇

小寡妇，十七八，开开帘，没有他。关着门，黑谷洞，划着火，点着灯，灯看我，我看灯，看来看去冷清清。

一阵风

一阵风，一阵沙，掀开门帘看见她。黑头发，绒线扎。漂白脸，官粉擦。粉白耳朵，金钳掐。红嘴唇，点朱砂。红大袄，月光花。红缎子小鞋，绣荷花。

酸枣树

酸枣树，叶儿小，张家娶个新大嫂。做活快，能起早，鸡叫一声起来了。牛棚看，马棚瞧，鸡鸭鹅狗全看到。南园揪把葱，后园掐把蒜，回来请问婆婆，要做什么饭。"打油饼，烫水饭。"侍候小姑吃完饭，上西楼，纺绒线。侍候小叔吃完饭，他上南学把书念。一天到晚无恨怨。

时髦

穿皮鞋，高抬腿。镶金牙，咧着嘴。带眼镜，穷人美。带手表，看时刻。

姑娘好好长

姑娘好好长，长大嫁给排连长。坐电车，呜呜响。坐马车，向后仰。穿皮鞋，披大氅。金镏子，配对的。金镯子，拧劲的。金壳手表，走字的。有个烟袋，透气的。

愿托生兔子满山蹦，不愿托生女子满炕（乘）〔蹭〕。

双 阳 县

云彩往东，刮大风。云彩往西，披蓑衣。

老鸹鹰

老鸹鹰，谷谷飞，飞到东，飞到西，飞得高，飞得低，快快飞到你窝里。

拉大锯

拉大锯，扯大锯，姥家门口唱大戏。接姑娘，唤女婿，小外甥也要去。姥姥不让去，拿根麻花哄回去。

老蟑

老蟑，老蟑，锅台后头一帮。刮风下雨不怕，就怕锅里涨汤。

小孩玩

小孩玩，拿着钱，无处花，买个瓜。瓜儿苦，买盐卤。盐卤咸，买只船。船靡底，买管笔。笔靡头，买头牛。牛靡甲，买匹马。马靡鞍，上西天，一到西天无路还。

牛马年，好种田。

开河

三月清明，河开在后。二月清明，河开在前。

瞎话

瞎话瞎话，讲起没把。三根羊毛，弄个毡袜，老头子穿八冬，老婆子穿八夏。

日落

日落西山黑，雀鸟满天飞。学生离家远，早早放学归。

下雪

天上下雪地下滑，自己跌倒自己爬，亲戚朋友拉一把，酒还酒来茶还茶。

颠倒歌

反起头，倒唱歌，河里石头滚上坡。板凳爬上墙，鸡蛋炸碎锅。妈妈出嫁我抬轿，爸爸娶妻我打锣。我从舅舅门前过，看见舅舅摇外婆。外婆哭不住，叫我买糖哄外婆。

一盆火

一盆火，两盆火，"老爷"出来晒晒我。一盆灰，两盆灰，"老爷"出来晒晒我们一大堆_{俗称日头为老爷}。

老鸦

老鸦老鸦你打场，上秋给你二斗粮。背不动，往家送。送到家，给你妈。

烧饼

烧饼圆，烧饼圆，可口吃，扛口甜，又解饿，又解馋，无非花上几吊钱。

鹿狼结义

山前麋鹿山后狼，鹿狼结义在山岗。狼若有灾鹿搭救，鹿若有灾狼躲藏。劝君莫交无义友，狼心豺肺不久长。

婆婆丁

婆婆丁，水泠泠，骑红马，驾红鹰。红缨帽，戴白孝。白孝衫，顶大天。天打雷，地下雨，腰院姑娘过大礼。十几啦，十八啦。给谁啦，给当屯老李家，大车小车来啦。开开箱，十八双。开开柜，十八对。开开抽匣，还有十八个大针扎。

五怕

天怕浮云地怕荒，人怕痨病物怕伤。严霜单打独根草，哀苦孩子怕后娘。

绕口令

六老六，刘老刘，倒坐门坎啃牛头。从南来个大黄狗，抱着刘头啃牛头。

俚　言

东西垄，南北短，为人都有个偏心眼。

猪吃草，狗拉磨，猴子挑水井上坐。

鸡淘米，鹅烧火，老鼠开门笑哈哈。

肥是羊羔肉，阔是佛满洲。

头伏有雨，伏伏有雨。

早霞不出门，晚霞行千里。

九 台 县

说着十

说着一，道着一，什么开花在水里？我说菱角开花在水里。

说着二，道着二，什么开花扯成串？我说豆角开花扯成串。

说着三，道着三，什么开花在道边？我说马（蔺）〔兰〕开花在道边。

说着四，道着四，什么开花一身刺？我说黄瓜开花一身刺，

说着五，道着五，什么开花正当午？我说蒿子开花在当午。

说着六，道着六，什么开花一身肉？我说窝瓜开花一身肉。

说着七，道着七，什么开花把头低？我说茄子开花把头低。

说着八，道着八，什么开花像喇叭？我说牵牛开花像喇叭。

说着九，道着九，什么开花可山走？我说棒槌开花可山走。

说着十，道着十，什么开花似展旗？我说高粱开花似展旗。

奇 怪

家要败，家要败，猫像猴，狗长癞，小孩子淘气上锅盖，你说奇怪不奇怪。

时 派

如今的人，真时派，不像从前老腐败。男穿洋服翻着领，女穿短腿裤子露膝盖。你说时派不时派。

四季好

春季好，春风和，百草发芽到处多，我的羊儿不挨饿。

夏季好，雨水多，阴天下雨可难过，我的羊儿要挨饿。

秋季好，秋风凉，起得西风下了霜，我牧羊儿在山上。

冬季好，起北风，天降大雪冻了冰，我的羊儿有毛不怕冷。

要媳妇

小孩子，坐门墩，哭着喊着要媳妇。要媳妇，做什么？做鞋做袜，点灯说话，吹灯做伴，明天早晨给我梳个小歪辫。

劝学歌

蚕善吐丝蜂酿蜜，勤于工作乃天职。丝可为衣蜜可食，人若无能不如物。

张家小儿入学堂，李家小儿游街坊，二儿同年一样长，学则日进不学荒。张李二儿是谁强，后来成就惟有张。歌罢之后细思量，是效李儿是学张。

卫生歌

无病即是福，此语耳曾熟。我有愈病方，人人均可服。起居有定时，饮食先量腹。刷牙常漱口，居处常扫除。从事宜奋勉，事后更洁服。早晚做事毕，运动舒筋骨。身轻体且健，疾病自然无。行之勿间断，日久见工夫。

笑哈哈

大家笑哈哈，就地放上桌，兄弟团团坐，你吃我也喝，大家笑哈哈。

婆婆丁

婆婆丁，水泠泠。天打雷，地下雨，张家姑娘过大礼。十口猪，十口羊，十口骆驼摆成墙。你闺女，到我家，不受屈，不受累，两脚镫着描金柜，扎花枕头十六对。开开箱，十六双。开开匣，好针扎。

大云豆

大云豆，四四方，骑着高马去烧香。大马拴在梧桐树，小马拴在庙门上。蹬着高楼望我家，我家是个好人家。门前栽着垂杨柳，房后栽着海棠花。海棠花，是座楼，两个狮子滚绣球。大姐绣的盘龙髻，二姐绣的狮子滚绣球。三姐没甚绣，绣个癞蛤蟆，一走一呱呱。

努力耕

春日努力耕，秋日收获丰。每年衣食住，困难不发生。

防空

防空复防空，防空紧要非可轻，要不平常就预备，往后受害悔无穷。每看飞机来，先打警报钟。一百八十里，听音器消息最灵通。瓦斯毒，烟气绿，烧夷弹，火光红。这时青年妇女亦从公。防南北，防西东，防备四面不透风。但愿吾辈同努力，防空一定告成功。

乒乒乓

乒乒乓，乓乓乒，城里来个小亲家。赶大车，驾大辆，很多客人上了炕。炕很短，去买碱。碱很咸，用去不少钱。回头刷锅去煮饺，客人去吃饺，烫的不得了，亲家气的坐车往回跑。

吸大烟

吸烟人家真腐败，男子抽大烟，女子衔烟袋，男女总不离烟袋。男子无钱将妻卖，女子无钱把人格坏，还是衔着大烟袋。大烟袋，真是坏，使夫妻感情离开，走到哪儿，惹得人人都不爱。

小兄弟

小兄弟，脑袋圆，生下个闺女足不缠。做了媳妇头一天，公婆一见把脸翻。婆婆说脚太大。公公说，休了吧。女婿说那不怕，多擦胭粉多戴花，八幅罗裙就地拉，多看上，少看（上）〔下〕，要那小脚做什吗？

巴狗巴

巴狗巴，你看家，上南园，采红花。一把红花没采了，听见巴狗当当咬。咬谁呀，咬李魁呀。李魁来干甚呀，来给丫头来保媒呀。谁赶车，他二哥。谁做席，他二姨。谁剁肉，他二舅。

你拉弓

你拉弓，我拉弦，咱俩唱个九花莲。花莲高，买把刀。刀不快，切凉菜。凉菜青，买个弓。弓靡角，买匹马。马靡鞍，扯着马尾上西天。西天一窝佛，咭嗒噶嗒会织罗。织的宽，咱俩穿。织的窄，咱俩抹。

卖锁来

卖锁来。什么锁？黄铁锁。（甚）〔怎〕么开？钥匙开。开不开，铁棍打。打不开，天上落下门楼来。几丈高？万丈高。骑白马，带腰刀。腰刀长，杀猪羊。猪羊血，给老鳖。老鳖生个蛋，变朵莲花我看看。

松花江

松花江，湾又湾，东屯住个王老三。王老三，疯颠颠，生性耿直属天然。不取巧，不占奸，终日无事骂脏官。

子弟戏

干沟子，不大济，一年一台子弟戏。坡有戏台子，借着土崖子。没有点灯油，就着月亮地。打了个旋飞脚，弄个狗吃蜜。唱出醉打金枝，缺少郭子仪。唱出群英会，周瑜也没生气。

南山

南山到北山，哑巴岭子到江湾。

一驴拉金驹

一驴拉金驹，吃豆九斗七，缺少二升豆，跑了金马驹。

新年到

新年将到，糖瓜祭灶，姑娘要花，小子要炮，老头子要戴新呢帽，老太太要吃大发糕。

大烟鬼

大烟鬼，真可怜，满脸黑灰鬼一般。不顾吃，不顾穿，有钱专门抽大烟。下了雪，变了天，无衣无食喊苍天。

一棵树

一棵树，长两丫，东邻住个老刘家。养个男儿会当家，养三个女儿会绣花。大姐绣个莲花瓣，二姐绣个海棠花，三姐不会绣，大姐教（他）〔她〕纺线罢。一天纺了二两八，爹也夸，妈也夸，一夸夸个好婆家。公公听说要过礼，婆婆听说要娶（他）〔她〕，娶过门来发了家。

老大嫂

老大嫂，真正好，腰又细，脚又小，走起道来带小跑。鸡叫一声起来了。鸡窝走，马棚蹿，鸡鸭鹅狗看个遍。南园拔把葱，北园拔把蒜，回家问婆婆，要做什么饭。打油饼，做水饭，打发小叔把书念。

大嫂子

大嫂子，不用说，铜棒子烟袋靡使过。江石咀，白铜锅，乌木杆二尺多。老牛车，靡坐过，净坐叮当骡马铃铛车。咸菜梗子靡吃过，净吃小鸡炖蘑菇。

长 春 县

谷草垛

谷草垛，插镰刀，摆的兵马给我挑。挑哪个？单挑当中秃老婆。

车轮菜

车轮菜，马驾辕，老马家姑娘会耍钱。金钱疙瘩金钱扣，老马家姑娘将十六。亲家母，上炕里，烟荷包疙瘩扔给你。你的姑娘巧不巧？西瓜皮做大袄，打瓜皮镶上边，茄子开花结荷包。

绣花鞋

一个姑娘膘又膘，一双花鞋绣的更高。绣荷花，水皮漂。绣雀鸟，落树梢。

小白菜

小白菜，没有娘，跟他爹，好好过，怕他爹，娶后娘。娶到三年（长）〔整〕，生个小弟弟。小弟弟，比我强，他吃菜，我喝汤，哭哭啼啼想亲娘。

车轮菜

车轮菜，两头尖，当间坐个王老三。王老三，眼睛红，当间坐个大姑本姓佟。佟大姑，长得俏，新花手巾围三道。大坎肩，底镶边，扭扭哒哒一袋烟。

卖鱼桥

摇一摇，摇到卖鱼桥。买条鱼来烧，头未熟，尾巴焦，盛到碗里吱吱叫，吃到肚里跳三跳，一跳〔跳〕到卖鱼桥。〔12〕

知足歌

他骑马，我骑驴，向他一看我不如，转望后面推车汉，比上不足，比下有余。

变大嫂

腊月十八日子好，许多姑娘变大嫂，口里哭，心里笑。

要媳妇

小小子，坐门墩，哭哭啼啼要媳妇。要媳妇做啥？做鞋做袜，补裤补褂，点灯说话，吹灯不害怕。

小白菜

小白菜，地里黄，三岁四岁靠亲娘。亲娘死了怎么过，就怕爹爹说后娘。说了后娘三年整，得了小弟弟吃面汤。喝面汤，端起碗来泪汪汪。河里开花河里落，亲娘死了怎么过。我想亲娘在梦中，亲娘想我一阵风。

上海城

日头出来满天红，他骑马，我骑龙，咱俩上海城。海城家，大舅子扯，小舅子拉，扯扯拉拉到他家，一掀门帘看见她。雪白脸，胭粉擦，雪白耳朵金坠掐，卖房卖地娶了她。问大姐，会做啥？会擀面，一擀擀个滴溜转。往锅下，一趟线。盛到碗，莲花瓣。吃到嘴，大面片。

小土豆

小土豆，开白花，养活姑娘是白搭，望长久远是婆家。一阵风，一阵沙，刮开门帘看见她。漂白脸，胭粉擦，一擦擦到十七八。问这姑娘给谁家？给南屯老马家。驴子驮，马儿拉。开开柜，十八对。开开箱，十八双。开开帽盒，一对扁镯。开开抽匣，一对针扎。

车轮菜

车轮菜，圆又圆，老马家姑娘要金钱。金钱疙瘩金钱扣，老马家姑娘将十六。不吹不打不上车，一对鸭子一对鹅，变个蝴蝶乱哆嗦。亲家母，上炕里，烟荷包疙瘩递给你。问你姑娘巧不巧？西瓜皮，做大袄，打瓜皮，接袄袖，茄子疙瘩钉钮扣。

打老虎

一二三四五，上山打老虎，老虎没打着，回家找老高。老高没在家，上街买西瓜。西瓜拌白糖，乐死他大娘。大娘死了大家忙，你买纸儿我买香，大家一齐忙到大天亮。

怀德县

小红花

我是一朵小红花，早晨开在太阳下。我的形状像喇叭，人家叫我喇叭花。小妹妹，小弟弟，你们起来吧，穿好衣裳吹喇叭，喇叭咧咧啦。

小麻雀

小麻雀，吱吱叫，它把我觉惊醒了。好像对我说，赶快起来上学校。上学校，上学校，知识增加学问好，麻雀的功劳真不小。

媳妇难

媳妇难，媳妇难，她的男人好耍钱，簪环首饰都输尽，（带）〔戴〕个辣椒过新年。

萤火虫

萤火虫，夜夜红，飞到西，飞到东，好似一盏小灯笼。请你飞到书房里，照着我们好用功。

扶 余 县

蹉（蛇）〔跎〕到老

一二三四五，我要学打鼓。打鼓怕费力，要学织斗笠。斗笠空空多，我要学补锅。补锅难补满，我要学锯碗。锯碗难凿开，我要学秀才。秀才难教书，我要学杀猪。杀猪杀不死，生了白胡子。

没娘孩

小公鸡，上草垛，没娘的孩子真难过。亲娘去世了，父亲娶个后老婆。小孩黑天去睡觉，跟爹睡，爹不要。跟娘睡，娘打我。跟猫睡，猫挠我。跟狗睡，狗咬我。跟猪睡，猪啃我。活活难死我。

庄稼忙

日头出来照东墙，庄稼人儿分外忙，镰刀锄头常做伴，担浆送饭有红妆。虽然四季无停顿，一家老少无饥荒。

懒大嫂

邻家住个懒大嫂，晌午睡醒起来了，不梳头，不裹脚，抱着孩子绕街跑。一跑跑到铁匠炉，翻过来烤，调过来烤，把个孩子烤着了。

车轮菜

车轮菜，野不野，东山住个刘二姐。梳油头，戴好花，蹓跶蹓跶上妈家。妈妈出来接包袱，嫂嫂出来瞅一瞅。"不用瞅，不用看，不吃你的饭，不喝你的酒，抽一袋烟我就走。"

孝亲

山喜鹊，尾巴长，娶了媳妇别忘娘。把娘让到炕头上，媳妇教（他）〔她〕下厨房。烙饼又做汤，老娘老娘你先尝。

田家乐

田家真快乐，田家真快乐，哪有田家乐趣那样多。春天种，秋天割，五谷丰登大有歌。不用借，不用挪，冬天老少坐在家里吃饽饽。

想亲娘

小白菜，就地黄，三岁孩子没有娘。跟着阿爹还好过，就怕阿爹娶后娘。后娘来了三年整，生个弟弟叫梦良。后娘做个龙须面，梦良吃条我喝汤。端起碗来泪汪汪，怎不叫我想亲娘。

怕

胖子怕衣小，矮子怕登高，驼子怕过桥，跛子怕赛跑，医生怕病好，愚人怕乌鸦叫，商人怕年关到，保险行里怕火烧，房屋土地怕水漂，报纸杂志怕没有材料。

不嫁庄稼汉

掐瓜尖，压瓜蔓，抱着孩子拣鸡蛋。挑大水，煮大饭，推碾子，（代）〔带〕轧面，从今以后再也不嫁庄稼汉。

高跟鞋

尖皮鞋，后跟高，走起道来弯着腰。时髦小姐，时髦小姐，你与缠足姑娘一样糟。

纺棉花

嗡嗡纺棉花，三天赚个大甜瓜。爹一口，妈一口，咬了小孩手指头。小孩小孩不要哭，上街给你买个小摇鼓，白天拿着玩，晚上打老虎。

大酸梨

疤拉眼，去赶集，拿着萝卜当酸梨，吃一口恶辣的，扒拉扒拉挑个大的。

燕

燕燕燕，挑花线。里拐外拐，八仙过海。九十九，一百。剪子股，一百五。炕席花，一百八。

水淹　火烧　风刮　狗咬

水淹三姓佳木斯，火烧船厂吉林市，风刮新城扶余县，狗咬沈阳奉天市。

拉锯

拉大锯，扯大锯，姥娘家门口唱大戏。接姑娘，唤女婿，小外甥也要去。没有什么吃，给他煮鸭蛋皮。蒸也蒸不熟，煮也煮不烂，急得小外甥一身汗。

秃丫头

秃丫头，上花楼，不想爹妈想老头。秃丫头，上滑梯，不想爹妈想女婿。

娘辞

一、杨树叶，哗啦啦，小孩睡觉喊妈妈。拍拍宝宝你睡吧，马猴来了妈打他。

二、金银花，十二朵，大姨妈，来接我。鼠打柴，狗烧火，猫儿做饭，笑死我。

长 岭 县

麻雀子

麻雀子，尾巴长，娶了媳妇不要娘。娘是路边草，不如媳妇好。把娘扔在草（科）〔窠〕里，把媳妇搂在被窝里。

菱角池

菱角池，菱角塘，菱角开花白茫茫。一群姊妹都嫁了，留下老姑伴爷娘。

燕燕

燕燕燕，扯成串。剪子股，豆腐块。你拉弓，我射箭，一射射到南江沿。南江沿，吹喇叭，一吹吹到老马家。老马家，蒸包子，蒸饺子，蒸了一锅秃小子。

新年歌

二十三，灶王上天。二十四，写大字。二十五，扫尘土。二十六，煮牛肉。二十七，杀年鸡。二十八，把面发。二十九，蒙香斗。三十晚上坐一宿。

日子好

日子要想好，三百六十个早。日子要想好，必起五更早。起得这样早，日子必定好。

犁牛一对

犁牛一对，白马一双，一去破（糙）〔茬〕，回来掏墒。浅一些种，深一些蹚，庄稼小苗，不能受伤。东家发财，伙计沾光。

穷养猪

穷养猪，富读书，慢慢都能把利出。分种地，伙种瓜，一屋不可住两家。

真改良

如今真改良，各村立学堂，男女都入校，念的是文章。学学算盘子，笔算也妥当。每逢出了门，歌声闹洋洋，打鼓吹洋号，一走一大帮。

真自由

我国农民真自由，有吃有穿不用愁。安居乐业把地种，鞭打犁牛谷丰收。

买鞋面

货郎你来，不买你的针，不买你的线，买你八双大鞋面。公公两双，婆婆两双，丈夫两双，我两双。

马兰花

马兰花，开三朵，我妈养活我自个。长大聘婆家，聘给后院老罗家。公公打，婆婆骂，丈夫面前说坏话。

过大礼

天打雷，地下雨，王家姑娘过大礼。一百猪，一百羊，一百骆驼摆成墙。

乾 安 县

金黄豆

一把金黄豆，撒在锣圈后。锣圈哗哗响，大伙往前凑。

猫狗告状

咪咪咪，汪汪汪，小猫小狗来告状。狗说猫不是，猫说狗逞强。弟弟说："不要吵，不要讲，一只碗敲不响，两只碗响叮当。"

信口诌

教我诌，我就诌，十冬腊月立了秋。正月十五发大水，冲得满地高粱头。一棵高粱打八石，一棵秫秸盖了六十六间大洋楼。楼里边装着金哥绿豆囤，囤顶上放的桂花油，囤底下大车轴，车轴上盘着六十六盘锁。楼左边，大乳牛。楼右边，大马猴。刘老六，六老刘，倒坐门口燎牛头。从楼上走下一个大黑妞，（跨）〔挎〕着破篮子，破篮子里边装着鸡蛋鹅蛋鸭蛋头。这姑娘往前观，往前走，遇见大黄狗。黄狗要咬妞妞，吓得妞妞往后溜。刘老六，六老刘，抛下牛头打狗头。跑了大乳牛,拐去了大马猴,拖倒了六十六间大洋楼,砸伤了油匠的头,滚去了油匠的篓。狗咬篓,篓流油,狗不咬篓,油不流。

车轱辘菜

车轱辘菜,野不野,南山住个二小姐。梳油头,戴大花,赶小车,住妈家。哥哥出来盯一盯,嫂子出来扭一扭。"不用盯,不用扭,不吃饭,不喝酒,看看爹妈我就走。"

小猪倌

小猪倌,哭咧咧,南边打水是你爹。你爹戴的红缨帽,你妈穿的钩脚鞋。钩钩里,钩钩外,钩钩两棵大白菜。又好吃,又好卖,卖俩钱,做买卖。

老鸹落在猪身上,看见人家黑,看不见自己黑。

饭打鼻子难张嘴。土地老打城隍,无事找事。

老畜过关,怎好怎好。

拉大锯

拉大锯,扯大锯,姥家门口唱大戏。接姑娘,唤女婿,小外甥也要去。不叫去,抓个鸡,抠个蛋,蒸不熟,煮不烂,急的小孩一头汗。

老张头

老张头,老李头,一个棍子二个头,二个棍子四个头。背着一个斧子头,不紧不慢上山头。上山砍木头,一砍砍了手指头。回家上炕头,叫老婆子找一块布头,包上手指头。

小小猪

小小猪,要吃黄瓜。黄瓜留种,要吃油饼。油饼不香,要喝老汤。老汤糊嘴,要吃牛腿。牛腿有毛,要吃仙桃。仙桃有尖,要吃狗肝。狗肝有血,要吃蝴蝶。蝴蝶忧愁,上楼给小姐磕头。小猪无啥吃,还得吃草甸子上的东西。

车轱辘菜

车轱辘菜,马架辕,张家姑娘好耍钱。耍不够,西瓜皮做大袄,打瓜皮做袄袖,茄子开花做钮扣。

大嫂子

大嫂子,不是说,老牛破车没坐过,单坐大马铃铛车。咸菜疙瘩没吃过,单吃小鸡炖蘑菇。

蚂蚁寻乡蛇过道,燕子钻天家雀闹 为降雨征象。

金黄豆

金黄豆，银黄豆，马家姑娘二十六。红袄绿挽袖，挽一挽，扣一扣，不会绣花绣枕头。

新春歌

新年到，放花炮，他鞠躬，我脱帽，你说热闹不热闹。

宣入新春，万象更新。两只大脚，足有八斤。有心不裹，两脚黑蠢。有心要裹，疼的钻心。妈妈要打，炕头一蹲。

四多

世上人多心不平，天上星多月不明，山上花多开不败，河里鱼多数不清。

月亮明光光

月亮明光光，贼来偷酱缸。跛子追上去，哑子喊出房，聋子听见了，拐子也来帮。一把抓住头发辫，一看是秃和尚。

酸枣树

酸枣树，叶儿小，咱们家娶个新大嫂。做活快，起来早，鸡叫一声起来了。鸡窝走，马棚蹿，鸡鸭鹅狗看一遍。上南园，掐把葱，上北园，揪把蒜。回家问婆婆，要做什么饭。打油饼，做水饭。侍候小姑吃完饭，她上西屋织绒线。侍候小叔吃完饭，他上学校把书念。

风向

风吹佛爷面，有粮也不贱。风吹佛爷背，有粮也不贵。

猫头进宅，无事不来。猫头进屯，必要伤人。

（在）〔戴〕着日头好寻宿，趁着有水好和泥。

管弓的弓弯，管箭的箭直。有饭送给饥人，有话送给知人。

河边草

河边草，碧如油，驾着小船娘家游。哥哥出来旺一旺，嫂子出来扭一扭。"不用旺，不用扭，当天来当天走，不吃你们饭，不喝你们酒。"

摔跟头

南地头搭北地头，两（头）〔个〕小孩摔跟头。你也摔，我也摔，摔出一棵大白菜。又好吃，又好卖，卖了钱，做买卖。买卖挣，乐得蹦。买卖歪，吃白菜。

小白菜

小白菜，地里黄，七八岁无有娘。想亲娘，想亲娘，娶了后娘三年整，有个弟弟比我强。弗弟吃面我喝汤，拿起汤碗泪汪汪。

农 安 县

小毛驴

小毛驴，滚肚脐，张家姑娘要出门。爹也哭，妈也哭。"丈人丈人你别哭，你姑娘到我家，受不着屈，受不着累。要吃饭，有香的。要喝汤，有辣的。上炕踏着描金柜，睡觉盖着红绫被。看看箱，绣花小鞋十八双。翻翻柜，扎花枕头十八对。请用大花手巾擦擦泪。"

颠倒话

院中犬豕喔喔啼，旭光四射太阳西。树儿满落鸟身上，牛打牧童四处骑。忽然来只兔和狗，手拉手儿饭馆走。拿菜来炒铜锅，又怕铜锅烧着手。正赶屋里来位友，酒儿持手往外走。朋友怎说颠倒话，从来未说谬言语。

德 惠 县

老狗

说老狗，道老狗，不论贫富家家有。白日寻，黑夜守，房前房后团团走。说起老狗壮年时，虎头狼牙狮子口。

盼年

老头子盼年，烧酒两坛。老太太盼年，饭菜解馋。小媳妇盼年，花朵灿烂。小学生盼年，回家好玩。小姑娘盼年，绒绳两团。小孩子盼年，鞭炮一圆。小叭狗盼年，骨肉双全。小花猫盼年，食鱼儿盘。小马儿盼年，料美得闲。小鸟儿盼年，歌唱悠然。小植物盼年，复生日繁。小昆虫盼年，又到春天。

花花轿

花花轿，八人抬，抬进您老府门来。哥哥抱我上花轿，妹妹送我到玉皇庙。

130

挑大旗，放大炮，鼓乐喧天好热闹。

娶后娘

小白菜，从小青，长大黄，三四岁，没有娘，就怕爹爹娶后娘，变心肠。弟弟吃肉我喝汤，端起碗来泪汪汪。金鸡叫，谁想亲娘谁知道。亲娘想我一溜风，我想亲娘在梦中。

搓泥团

泥蛋泥蛋搓搓，里面坐个哥哥。哥哥出去买菜，里面坐个奶奶。奶奶出去买香，里面坐个姑娘。姑娘出去叩头，里面坐个狲猴。狲猴出去作揖，拳打脚踢。

舒 兰 县

秃和尚

和尚头，秃光光，打起锣敲响叮当。千年不得好穿戴，万年不得做新郎，房中无有娇妻子，永久不能抱儿郎。

不怕凉

如今儿，新改良，无论男女住学堂。三九天散着裤脚腿，怎么不怕受了凉。

就怕

天不怕，地不怕，就怕飞机拉粑粑。

大烟袋

大烟袋，江石嘴。小红鞋，疙瘩底。

小小猫

小小猫，小小猫，终朝每日乐淘淘，三餐已毕炕头卧，还蒙主人另眼瞧。小小狗，小小狗，冰天雪地满院走，昼夜不息防门户，酸汤冷饭强到口。

上山坡

上山坡，下山坡，一大嫂，俩大哥，声名不好苦恼多。上山坡，下山坡，俩大嫂，一大哥，一天吵闹苦不过。上山坡，下山坡，有大嫂无大哥，鳏寡孤独苦寂寞。上山坡，下山坡，一大嫂，一大哥，丰衣足食好生活。

榆 树 县

有活大家做

唤小孩，你看家，我上街，买西瓜，西瓜拌白糖，大家尝一尝。有活大家做，有福大家享。你买笤帚我买筐，共同劳作大家忙。

守寡

如今守寡不心诚，丈夫刚死就穿红。难道不知孟姜女，万里寻夫哭长城。

小牧童

小牧童，快乐多，戴箬帽，披蒲蓑，骑牛背，上山坡，吹短笛，唱山歌，吃着自由饭，住着安乐窝。国治家齐享幸福，无苦无忧笑哈哈。

催眠歌

摇摇小宝宝，不要吵，不要闹，不要哭，不要笑，慢慢好睡觉，睡起觉来不要闹。小宝宝，嘻嘻笑，闭上眼睛快睡觉。

老乏爹

老乏爹，真可怜，老将英雄八十年。一朝撒手上青天，丢下产业无人守，白送银坠子抽大烟。

月婆婆

月婆婆，月婆婆，你的女儿恁般多，可否给我一个做老婆。

"伟大"人物

大大大，伟伟伟，"伟大"人物三只腿。三只腿，眼皮高，看见穷人自来骄。娶个媳妇忘了母，把他媳妇看个高。汽车拉，洋车捎，把他父母一旁搁。只同妻子一处乐，不管老母年迈高。

太阳

太阳东方起，公鸡早晨啼，叫我早早起，起来去做工。做工真正好，买柴籴米好生活。

山老鸹，尾巴长，娶了媳妇忘了娘。老娘扔在山后头，媳妇坐在炕头上。老娘要吃干烧饼，哪有闲钱填空囊。媳妇要吃香水梨，快备马，快赶集，赶了东集赶西集，把梨买回来，倒坐门坎打梨皮。慢慢嚼，慢慢吃，别叫梨核卡着你。

棒打獐子瓢舀鱼，野鸡飞到饭锅里_{上谣系秀水初有人烟之情景}。

养儿要当差，种地不纳粮_{上谣出自立站后，因站人专为国家做邮传之事，故国家予以相当待遇}。

小狗汪汪叫，必是客来到。忙的穿花鞋，裤腿往下掉。忙的系裤腿，小孩又哭了。忙的哄小孩，客人进屋了。亏是亲娘舅，别人准见笑。

小红孩

小红孩，戴红帽，四个老鼠来抬轿，黄鼠狼，打着伞，老狸猫，喝着道，呼哈好热闹。

小白菜

小白菜，地里黄，小孩子，两三岁死了娘，跟着爹爹好好过，恐怕爹爹娶后娘。娶了后娘养弟弟，弟弟吃菜我喝汤。别人吃饭乐哈哈，我端饭碗泪汪汪。想起亲娘在梦中，亲娘想我一阵风。

男子花甲过，女子在韶龄，父母强婚配，同床异梦中。

俚言

看破人情知纸厚，经过世路觉山平。

前 郭 旗

太平歌

天风飘摇无定的，人生一世总有老，长生神术谁能得，得此余闲且欢乐。空际风云虚无定，此生须臾能几时，长生不老谁修到，少得空闲且行乐。丽日天空明朗好，谈笑欢乐等辈好，年岁相若乐更少，常久聚会永欢乐。对镜并照容颜美，跳跃喜笑友辈好，慕年契好情相投，永远同居乐升平。

俗言歌曲_{意义解释}

旭日普照朗乾坤，皇恩浩荡万民欢。生逢盛世乐升平，勤勉业务家邦兴。凡我蒙古诸同胞，从今竞争迈向前，务求实学姓名扬。东亚乐园新兴国，贼匪祸患永灭尽，继承先业吾侪辈，发展产业勤努力。我们蒙古诸同胞，齐心努力向前进。产业富厚邦国强，讲求礼义文化兴。建筑改善气象新，永享福祉庆太平。声名远大我前旗，松花江水流向北，民风朴厚敏且秀。江流深处鱼龙潜，礼教同古民俗敦，教化春风王道事，举国清明多贤士。黑水白山恩泽远，山高接天云迷路，长流河中开金莲。成吉思汗虽故去，威名至今犹生存，立志坚决终成功。圣经传世教化广，启迪本能尽向善，一生错误是何人。已往好言是欺友，行为奸险且莫交。一见如故亲又密，背人议论非好人。离间反复非好人，离间反复小人谋，居心不测慎勿友。绿树荫下凉风多，良友长处得益多。枯树根下蛇蝎多，恶人相处多愚玩。畏惧凶暴欺良弱，不分善恶枉言人。难以任用非良友，已往正直无偏向。处世谨慎过即改，分别轻重是真朋。让遵古训多向善，自然天公相吉人。善为至宝须多行，邦基永固国运昌，悠久庆祝逢盛世。

成吉思汗出征歌

统率雄兵十万，为保亲爱的蒙古民族的安，战杀勇敢的众兄弟，仗此十万雄兵奋勇战斗。统率大兵二十万，南北两国征平定。智勇兼备的大将，率同铁骑二十万，神速战斗。统率英勇的少壮军，确保柔弱的蒙古的民族。阵阵冲来敌方恶首，诸多勇将，多战成功。统率大军五十万，欲将唐嘎、吐番二国征服平定。五光四色的国旗，永久地接续着，巩固地保定邦基。

科尔沁左翼后旗　僧亲王征歌

哲盟十旗是相贯，各旗台吉是近族，亲兵护卫三十名，位列班首冠群王。管领土地广且大，众多台吉各近族，吐默特莫古今是亲族，有功于万岁。斋戒叩拜观音佛，阿如哈公爷是王兄，声名如雷闻全球。功德素著惟亲王，崇拜信赖是活佛。府内有弟称三爷，掌理部司平群王，荡平贼寇有大功。族中阿弟号六爷，精锐雄壮众侍卫，光华夺目宝石顶。精忠威武惟亲王，大清朝中第一王。战事祸乱发生时，迅速召集各蒙王，颁印檄召全蒙古，加急驿传走飞报，神速勒兵来勤王。闻听圣旨来临降，聚集文武各幕僚，跪接帝诏读圣旨。聆悉长毛贼叛关，五重关隘俱失陷，朝中缺少兵和将，降旨关东调蒙兵。广西贼寇又猖狂，破关夺城势莫挡，勒檄内蒙将和帅。接罢圣旨雄心坚，即时集合众蒙兵，火速训练射骑熟，率同出征古北京。传谕圣诏众君知，各执器械来从兵，兵发帝都北京城。科尔沁蒙众接圣旨，背弓挂箭武备齐，各领雄兵会僧王。三百护卫三千兵，备足粮饷与粮草，远涉征途古北京。王乘征驹似墨染，鞍辔鲜明杀气腾，腰挂宝剑是昆吾。金樽银灯供佛前，真金高香炉内烧，拜别师尊活佛僧，兵走法库古城关。关东猛将僧亲王，通关越城奔

征途，金亭驿馆驻雄兵，待命征伐关西地。帝王闻听蒙王到，玉石亭中待君王，
文武百官齐相见，金钟玉鼓齐奏鸣。玉石阶上拜圣主，金銮殿前候帝王，满
朝群臣来见礼。金钟一鸣圣王临，品级台上见君王，王开金口发玉音，刑部
大臣为辅佐，扫荡匪贼便宜行，赐下兵符与帅印。五王四卿来会合，齐留城
中灭贼寇。梁山以东连河北，连山大川作战场，连镇城中又杀贼。刑部大人
生异念，勾通贼匪设下法。王察形迹识奸计，新法严明除巨奸。神威严肃英
明王，正直威严振全军，剿灭贼寇决心坚。斩除诸奸正军律，性命不顾置度外，
独树威名满全国，祝告皇天灭远寇。大清国内王为首，确买安定我邦基。收
服敌将奏大帅，灭除叛乱全贼寇。为灭毛贼亲临敌，誓将毛贼祸根除。正直
无私僧亲王，巧用河水布军阵。克高唐，贼胆寒，封官屯内困贼兵，奸诈毛
贼暗逃生，黄河支流半溺亡。哲盟十旗名壮军，射杀扫荡几除尽。后路援军
索伦兵，更有精锐海拉军，合力奋勇立战功。伯都讷籍蒙旗兵，郭尔罗斯隆
协理，奈曼旗的沙协理，合议定计立军功。助战有功哈贝勒，科尔沁五旗全
蒙军，剿讨万恶全贼寇，英名万古显国邦，血战疆场立军功。蒙古王魁僧亲王，
蒙古全旗佩协理，率领骑兵平贼寇。及抵南京值冬令，泰山岭前休兵马，昼
坐帐中如针刺，不见敌兵思故乡。祝告苍天多保佑，剿平叛乱早班师。唤卒
备酒饮刘伶，金樽佳酿乐须臾。掌国治世我皇帝，恢复安定山东地，毁却战
戈庆升平。执政当国圣天子，深沐雨露惟皇恩，锦衣美食皆君恩。被困重围
处危境，宿恨克偿灭众寇。血战十年立殊勋，衣锦荣归见父老。皇朝勋臣列
首王，万世相袭永封侯，舍身报国扶伺帝。同治新主大宠信，爵封王头位极臣，
万户封侯沐殊恩，位极人臣显当朝。曾有谣传比草龙，凶逢曹州洛王庄，以
身殉国报君恩。国朝太后闻凶信，怀报同帝悲勋臣。备述前功叹忠良，为保
君国做箭林，荡平叛乱立殊勋，为定邦基战红尘。

郭尔罗斯前旗颂歌

哲里木盟郭前旗，贵为旗尊扎萨克，布德修业相传久，镇守蒙古南边陲。
仁义为本睦邻邦，相沿定制内治明。松花江西家乡有，背负高山似翠屏，治
平山河定旗基，天命仁爱主郭旗。莺山再望终南似，玉带松江如锦席，龙坑
莲泡犹瑶池，长流水秀呈瑞气。讲经普化六大庙，叩拜菩萨虔诚礼，修行悟
道依活佛，六庙喇嘛扎萨克。教育普及兴学校，乐队编练礼乐模，巡防骑兵
五大营，管旗章京掌旗政。分设四旗理旗事，十二族长管族公，八位扎兰掌
军务，二十四佐掌旗兵。四十八位带兵官，总管衙门六官领，办理文书笔帖式，
文武齐备佐旗政。执法正直二协理，征集税收有章京，征收租赋四地局，分

掌财务六征吏。赈济救助有义仓，财富物丰我前旗，教民务农分基地，山野广坦宜牧区。恩威并施民戴德，博爱普及万民族，每逢春秋赈衣米，济困扶危仁慈及。惟愿旗民齐团结，共同发展无二意，永远勿忘遵古训，仁爱无间治我民。百年功业谨保守，期待有为青年人，铭刻五内永勿忘，安心守业是本分，永远继续长久存。

星星铺满天

星星出来铺满天，骑着马儿背着鞍，大马拴在梧桐树，小马拴在长白山。

哲盟科尔沁歌_{意义解释}

哈萨尔圣祖后代、皇帝近亲、当朝元勋、英勇贵族，大元蒙古的元祖，大清国的重义，诸双亲王爵等，即是我们的科尔沁族。勿违的诚心，勿违的坚志。真正慈悲的我佛教，衷心崇信的活佛。秀美的山岳，绿水长流的嫩江，灵敏的国民，仰望崇拜的佛祖。忠义的赤心，雄心报国，富厚的资产，喜气兴隆的科尔沁。行猎武术的学习，骑射纯熟马肥壮。轻税减租，声誉素著的我们的科尔沁要义，君主圣明，臣佐忠良，民风朴厚，朝野庆盛世。深沐皇恩的我们科尔沁，皇国良忠的后代，英勇威武，安如磐石安宁地度岁月。

五、乡土关系文献及地方名著

（艺术品含）

吉　林　市

《吉林通志》

本志于清光绪十七年九月，经镇守吉林等处地方将军长公顺督饬幕僚所编成。全书计一百二十二卷，关于吉林郡邑之增析、官制之因革、天产之浚启、人文之蔚兴，以及地中之蕴藏、山陬之遗闻，靡不详载，诚为吉林乡土文献上最重要之参考资料也。

《永吉县志》

本志于民国二十年春，经前吉林省长徐公鼐霖暨地方名望家韩公瑞汾等所编成，但当时以印刷费不足，未克付梓。迨至"满洲康德"六年，经前永吉县长王公惕、副县长平冈修沼筹资印讫。全书凡五十卷，关于地名沿革、民族变迁，以及地舆人文各项材料，莫不详载，亦为吉林乡土文献上必要之参考材料也。

永　吉　县

本县乡土关系文献，除寺庙碑文外，向少记载，而艺术作品，尤不多见。兹将调查所得，分叙于左：

（甲）关于艺术之文献（如下表）

（乙）关于特别技能之轶闻

本县缸窑镇盛产陶土，可制各种缸类及盆罐等物，故窑厂及窑业技师比较他处为多。然作品多沿用旧法，不知改良。嗣有高云峰者，缸窑土著也，幼习窑业，颇有巧思。曾于宣统年间，仿江西宜兴红泥制法，创造红土作品，如红泥茶壶、火罐等物，一时畅销表各处，因以致富。现在仿作者，犹盛行焉。

文献（名著）	著作者	数目	刊行或出书年月	备考
《晚悟庐诗存》	尉功焕	一册	民国六年	著者事迹另有列传
《大吼喇老城创建娘娘庙碑记》	不详	〃	康熙四十九年九月	原文附抄于后
《乌拉街保宁庵庙基地亩碑序》	〃	〃		〃
《重修乌拉圆通楼记》	成多禄	〃	光绪二十二年七月	
《重修乌拉保宁庵碑记》	不详	〃	同治十年八月	
《乌拉保宁庵遵依前章永垂后鉴碑文》	〃	〃		
《穆克敦将军神道碑》	〃	〃		〃
《大吼喇创建保宁庵碑序及重刊记》	〃	〃	康熙二十四年十月创刊，光绪二十二年小阳月重刊	〃

（丙）寺庙及名贤碑文

一、《大吼喇老城创建娘娘庙碑记》

奥稽老城，乃吼喇之故墟。环顾皆山，天堑长江，壮哉伟地也。汉唐之时，原属挹娄、鞑鞨所辖。迨我清朝定鼎以来，台址虽存，房屋已灰石旷矣。徒见山高而水长，城郭代樵耕，过者慨叹人湮而地芜。自丁丑岁，有东鲁禅僧正孝者，瓢笠行来，仰观祥云霭霭，知非凡子可居；俯察瑞气腾腾，定为神圣所依。既而愤兴曰："此固胜境，可为神之妥侑，何荒榛若斯乎？"是以诚心立愿，募建天仙圣母行宫。奈非一土一木可成，须赖功德施主，乃进善士张四而问焉。四惊奇之良久，谓僧曰："圣母已有梦召我。"即欣然信从。解资囊之金，劝人捐助，迎公输之斧，鸠匠经营。夫而后草棘尽除，仆石顿起。幸神启佑，大殿先成，丹碧炫煌，金像灿然，瑶阶层接。又逾年，东禅堂初就，僧栖卓锡，勤课经文，钟鼓有音，幡幢增色。至丁亥岁，西禅堂继起，以待云水僧人。如是庙立矣。而尤有进焉，夫乐善贵乎不倦，谋始必有要终。又于戊子春，修建灵官阁，为圣母之前护法，神威彰瘅赫濯。至庚寅之夏，阁甫告成，缘将众善，受兹景福，勒石垂芳，以志不朽。

总理乌拉等处顶戴一品加一级总管穆阁登副都统、罗禅功德主张四，助碑银五十两。木哈纳开山僧正孝。

大清康熙四十九年，岁次庚寅，季秋月中浣二日。

琢匠蔡宗礼同立

二、《保宁庵庙基地亩碑序》

盖闻作善降祥，好施积功，此事所必至，理有固然者也。吾乌郡北、旧街东，有创建保宁庵，至今称最焉。感帝德之无疆，施地亩者几何辈；仰神威之有赫，舍银钱者若而人。驻匾载簿，以贻后鉴，不为不周矣。奈人去年湮，人心不古，遇有相毗连者，即为所觊，悭愎自矢，难与校衡。予等和衷计议，所有发商行息钱三千吊，既已详注于前，拟为定章。今将各处所有地亩几段、坐落何处、毗连何地、长短垄数、周围界址，均照契约，眼同地邻，指划明确，详注册簿，以备稽查。并勒诸贞珉，永贻考镜云尔。

庙基南面：东西长四十一丈。北面：东西长四十八丈。东面：南北长五十六丈，南北至本庙梁家墓地。西面：南北长八十三丈，西至山神庙界。南以城墙分水为界，至八垧地南头止。

庙前南地一段，八垧，计垄二百九十二条。杨家屯北地一段，一垧半，计垄六十条。庙前地一段，两垧，计垄一百三十七条。小哈沟小哈沟或作哈猛地一段，两垧半，计垄九十二条。庙东南马家坟北地一段，一垧半，计垄三十九条。旧街西北地一段，十八垧，计东西垄五百九十七条；南北垄一百二十条。庙东地一段，三垧，计长短垄一百八十六条。旧街西地一段，三垧，计斜垄一百五十八条。山神庙西药局地，一垧半，计垄一百零四条。城东南砖窑园地一段，五垧，计熟地垄一百三十三条。庙后地一段，一垧半，计长短垄一百六十九条。北门外大道东奚家坟后地一段，四垧，计长短垄一百五十一条。

以上除庙基外，计地（一）〔十〕二段，原系何人施舍，置买何人，四至毗连何地，均有原契存证，并注载账簿，以备查核。

三、《重修乌拉圆通楼记》乙酉拔贡多禄撰书

乌拉城西北隅，有台耸峙，千百年迹也。国初于其上建佛殿，前有圆通楼三楹，每届春秋赛会，都人士杂沓其间。岁久风雨剥蚀，一郡殊为减色。云生久总斯土，因倡揖葺而新之，禅堂宾舍毕举。是楼俯瞰大江东来，全省形势，瞭然在望，洵为前代名迹。而俗传佟为某女氏之点将台，语荒杳无稽。前有碑志，又未详溯所由。爰因庙工之竣，为之记曰：乌拉在国初发祥时，与叶赫、辉发、哈达为四大部落之一。太祖赐为婚姻，屡盟屡背。至癸

丑，太祖率师平之，尽抚其众，编户万家。康熙十二年，因乌拉旧城有水患，于城东改建新城，以内府官，分司其地，是为设总管、翼领之始。盛京志载：乌拉为贝勒布占泰旧居，周十五里，中有小城门二。城内有台，高八尺，围百步。是为此台见于记载之实。然因此谓即始于布占泰，则又不然。按：乌拉地在周称"肃慎"，汉称"挹娄""夫余"，唐称"靺鞨"，置燕州黑水府等邑。辽则于此置宁江州。金源起于渤海，上京即今之阿勒楚喀。史载金太祖十三年伐辽，进次混同江之东宁江州，辽将战败，弃城渡江走。是州城即在大江东岸之明证。高士奇《扈从录》云：乌拉去船厂八十余里，即辽之宁江州是也。金于上京置诸宫殿外，有混同江行宫等殿。此台意即其址欤。而或疑金去今（来）〔未〕远，觚棱即废，何漫无碑甃遗迹。然考《金史》：正隆二年，遣吏部郎中萧彦良，尽毁上京宫殿宗庙、诸大族邸第及储庆寺，夷其址耕凿之。今之阿拉楚喀旧城，土垒巍然，与乌拉大致相类。然则此台废址为当时宫庙无疑。如必特指其名以实之，则凿矣。国朝龙兴云起，抚有乌拉，而因台建庙，甫三百年，已有传信传疑之论。是楼之重葺，其果能与此台永峙与否，实未可知。而第因功德在人，士民景望，则妥神灵而祈神佑，亦官斯土者所难已也。后之人登览于兹，仰见山河巩固，先皇帝缔造艰难，慨然兴鱼藻之思，尤为言治者之所切望。若仅取以存一郡之名胜，犹末也。工兴于光绪十九年七月，竣于二十二年七月，仅书其厓略于碑。

钦命头品顶戴、镇守盛京等处将军、管理兵刑两部、兼理奉天府尹事务、兵部尚书、都察院右都御史、总督奉天旗民地方军务兼理粮饷、法什阿巴图鲁依克唐阿

钦命头品顶戴、督办吉林边务事宜、镇守吉林等处地方将军、恩特赫恩巴图鲁长顺

钦命头品顶戴、镇守黑龙江等处地方将军恩泽

钦命吉林副都统、军功花翎富尔丹

钦命镇守齐齐哈尔等处地方副都统增祺

钦加副都统衔、管理打牲乌拉地方总管、加级记录八次云生

管理打牲乌拉地方左翼四品翼领、记录八次金明

管理打牲乌拉地方右翼四品翼领、加一级，记录七次台春

大清光绪二十二年七月谷旦岁次承修官、三品翼领恩庆、骁骑校富森保

四、《重修保宁庵碑记》

乌拉北有旧街，城市之故基也。旧街东有古刹，绅商之胜会也。考其地址，览其碑额，而知其前辈诸公，为之崇祀典者几何士，隆庙貌者若而人。

迄今历年虽久，声灵极赫濯，未始不叹保宁庵所建关圣帝庙，实为城街之保障，而灵爽之所凭者，由来旧矣。兹所确足述者，五年春正，适有马贼累万，攻扑边疆各城市，十日以内，继遭蹂躏甚惨。前队由此焚掳而来，势不可当。惟此庵关圣帝君，目击时艰，日闪佛光以庇佑，鼓鸣助战，夜攻逆匪而惊奔。其灵迹昭然，更为乌城旗民所钦仰，而万世永赖者也。时维前署吉林德将军，深感灵明，急于平靖之后，敬将显圣实迹，缮折申奏。嗣奉皇上御书"岩疆保障"，驰颁前来，镌悬匾额，用申答报。是以声名洋溢乎中国。凡有闻知者，莫不尊而称之曰："汉寿亭侯当日之威风凛凛，今复见于旧街之保宁庵矣。盖可忽乎哉。"六年冬，润堂德帅赴任黑龙江将军，路经兹土，爰于瞻礼之余，默兴倡修之举，遂传谕绅商铺号，急为重理，敬重钜典。乃择人之公正者，董其事。绅与商等，遵循宪谕，义不容辞，继述先猷，情何可缓。于是筹捐劝募，立意重建。仰赖神圣灵感，万善同归，未及一年，募资逾万。庀材鸠工，展其旧基，总会监视，人能用壮，惟神若效灵。三年之内，将所修各工，靡不金碧争辉，巍峨并起，保宁庵之庙，又一新焉。自是珠宫宏敞，法象尊严，功德著于千秋，康阜延及万姓，呵护普被，实由公兴善举，妥侑神灵之感应也。于戏，盛哉。今当落成，述其颠末，勒诸贞珉，以志不朽云。

大清同治十年岁次辛未仲秋谷旦公会敬立

五、《保宁庵遵依前章永垂后鉴碑序》

盖闻义举芳型，共钦山斗，然莫为之后，虽美弗彰也。彼庙修三教，赵抡简则蟾窟分香；桥筑万安，蔡君谟则龙门及第。倘不嗣而葺之，何以至今巩固乎。吾乌郡北五里许有保宁庵，此关圣帝君之宝刹也。创自康熙辛酉秋，至同治五年，帝君显圣。忆灵明之有赫，万古如生；缅庇佑之无疆，兆民共仰。前辈诸君子，增其旧制，添设殿宇，庙貌巍峨，丹青式焕，无不崭然一新者。况复工竣后，重力捐募，共得钱二千吊整，公同议定，发商生息，将按年利息，作零工葺补之需。迄今廿余年，除葺补需用外，剩得一千吊整，合前本共计三千吊。议仍旧贯，拨发必择殷实之家，确守勿为梗顽所觊。盖屡经风雨，犹恐鸳瓦之摧残；渐被冰霜，犹虑雕梁之颓圮也。予等承理会事，非敢居功，但期勒诸贞珉，遵守前辈之故辙，不愆不忘，以俟将来之考镜云尔。

六、敕立内大臣、光禄大夫、驻防阿尔泰等处地方将军神道碑

将军讳穆克敦，夫人关氏。公以弱冠，圣祖仁皇帝召为侍卫，出入省阙，十有余载。太翁殁，公袭总管。（巳）〔己〕亥岁，以副都统从事西陲。庚子进为前锋统领，擒虏三千六百人。雍正乙巳，授为驻防阿尔泰等处地方将军，

钦赐衣、帽、鞍、马、甲胄,帑金一万六千。壬子,又进爵为内大臣,驻防巴尔坤地方三载。讵意逮三略之甫筹,伤一星之先坠。讣音驰奏,宸眷弥深,内府发金,礼员致祭。前职荣袭于冢子,茂勋显著夫汗青。公生既尽瘁于边庭,殁复恩赐于丘垄。实国家之旷典,亦人臣之极荣。勒瑻珉以纪勋,垂千古而不朽。

大清乾隆丙辰岁次,五月甲寅吉日。总管打牲乌喇正三品加一级男穆朱户敬立。

七、《大吼喇创建保宁庵碑序及重刊洗序记》

"昔日威仪,顿成大造,次第行来,宛同孺子。向之清风,往往不绝,岂许蓓蕾,香飞片楮。关东蔼然,孤怀耿介,以言文副石刻。悄步天驹,忝在莲国,追游艾艾之语,葱蓝余味,尚吐舌底。质之大君子,已为佳话。离宫坎穴,代不乏人,引而不发,跃如近似,诸方取信于恒岱而已矣。是贺共志云尔。"兹越光绪二十二年春,会末等整理会事,建勒碑匾。溯查是庵,创经何载,乃览是碑于庵西。详视文词,建是庵斯建是碑,爰知建碑之由来久矣。因而有感,议移庵内,以昭遗迹。奈岁远年湮,字迹浑噩,清誊敬录,刊洗勒镌,未敢损益一字。则前贤之著作不泯,即后起之追述有据。惟是经理重洗情由,详勒贞珉,以志不朽焉尔。

曹和尚	心
持住　明住	率徒实
道　学	寿
超　凡	

康熙廿四年辛酉,冬朔二日立。 复于光绪廿二年岁次丙申小阳月下旬重刊。

伊　通　县

文献及名著调查表

文献（名著）	著作者	册数	刊行或出书年月	备考
《家训》	李树梅	一	未刊印	稿存家中
《大学集义录图解》	宋锡誉	一	″	″

双 阳 县

县属四区 赵飞鹏

赵家窝堡屯有赵飞鹏号云樵者，自幼读书，兼通绘事。生平虽无著作，但精于翎毛、人物。其作品散见于仕绅家，第为应酬不取润费。迨及老年，以疲于筋力，应酬不遑，遂于新京市酌订润格，略取纸笔资，以减少叩门求绘者。当大同元、二年间，任新京师范校图画教员。近以年逾七十，安闲家居，但仍攻绘事。其作品于新京市内，实多见也。

九 台 县

关帝庙联 成多禄

距其塔木街三里许，有成家瓦房屯。成氏者，名澹厂，号竹三，字多禄。工经学，善书法，不独为地方之宿儒名笔，亦我国之书法家也。其塔木关帝庙内，氏曾撰书一联，匾额为"福佑梓桑"，联曰："愿吾〔宗〕子子孙孙，春社秋尝，入庙勿忘先业远；祝我里年年岁岁，云旗风马，有灵常保此邦宁"。

《醉云轩残稿初集》 叶翰卿

编者为九台县太平村大马架子屯人，前曾任小学校长、师范（数）〔庶〕务主任、学监等职。此书即其在职时课暇所著。

《楹联从新》 叶翰卿

此书为叶君家居应酬亲友所集者。

德 惠 县

文献及名著调查表

文献（名著）	著作者	册数	刊行或出书年月	备考
《雪泥鸿爪》	王云台	一十二	民国十八年二月	

天台村　王云台

王公云台，字禹先，号诗痴。性耿介，不合时俗。长诗画，出品极速，可称天才。清末未能展志试场，退而教读，抱道自重。民国初，曾充县议会长，折冲议席，建树不少。议会解散后，由县敦请为模范高等小学国文教师兼图画教员。春风广播，学子朋来。嗣因坚欲退而讲学，遂设塾本乡，以诗画教人，从者踊跃。辑有《雪泥鸿爪》一部，计诗六百余首，学者争传诵之。其画长于人物，爱之者多为保存。于"康德"四年六月已逝世，诗画均视为珍品矣。

榆　树　县

文献及名著调查表

文献（名著）	著作者	册数	刊行或出书年月	备考
《怡也斋诗文合抄》	于慕忱 于谦叔	一	吉东印刷社 民国五年三月	昔榆树县南太平川有于慕忱者，于民国时曾任厅长及议长，并长于文。其胞弟谦叔工于诗。二君可谓地方之名士也。

六、特殊风俗习惯及迷信

永 吉 县

(甲)回族

本县一、二、三、五各区，回民较多，皆信仰回教。习俗讳言猪肉，以"黑毛子肉"称之，询其原因，多不能答。回族之人无常于后，先以净水遍洗全身，然后用白布缠裹，置尸体于活底棺内。至圹穴，抽其上罩，将尸体徐徐纳入穴中掩葬之。

(乙)旗族

本县旗族，有佛满洲<small>旧满洲族</small>、义气满洲<small>新满洲族</small>之别。佛满洲有跳家神之特俗，义气满洲有春秋祭祖之惯例。兹就传闻所得，约述如下：

跳家神

佛满洲旗人，每当冬季农暇，多杀牲以祭远代祖先，藉以祈福禳灾，保佑举家安宁，是(日)〔曰〕"跳家神"。其举动之大小，视家资之贫富而各有不同，富者三日始竣，贫者一日即止。其行事顺序，系于择定日期后，先扎谷草一束，用红绳缠之，挂于大门外，以戒孝服及穿戴狗皮者入户，恐防害神祖也。村人司空见惯，一见门前悬挂草把，则均相戒不前。至期，由主家约请单鼓子<small>熟于跳家神之礼节而更能鸣鼓作祈祷之语者</small>之族人四名至家，由家人将各项供品陈列于祖先龛前<small>祖先龛均在卧室外间，与义气满人之供在西卧室之西墙上者不同</small>，然后燃烛焚香，老幼全体跪拜。是时单鼓子各持大小鼓，按次敲动，催请当该家先代祖宗、护宅灵仙<small>胡黄、黄仙</small>、散死鬼魂等来此飨食。礼毕，乃约同族将祭品共食之，食毕而散。

祭祖

义气满洲<small>新满洲族</small>之祭祖，与佛满洲之跳家神大同小异，但礼尚严肃，不动响器俗名磕哑叭头。而祭祖同时并举行神杆、神树祭。其礼式各殊，概如下记，并多于春、秋两季同时举行之。

（一）祭祖之仪式

主祭者，于祭日夜间十二时起，将平时供于卧室西墙上之祖像像系白布八尺绘十三代祖像，正像一尊两旁各（五）〔六〕尊由匣内取出，悬于供案。于是焚香燃烛，并将祭猪绑卧神前，以酒注入猪耳。猪感痛痒，乃摇头摆耳。家人见状，即指为神来飨用，是谓"领牲"。领牲后，即在神前将猪宰杀之，取其血，点于各神像唇边。再将猪皮剥下，割取周身肉块各少许供于案上。然后将余肉割成方块，移置锅中煮熟，再分别摆列神前，名曰"摆件子"。至相当时间撤下，便约聚族人分食。食讫，天将晓矣。

（二）祭神杆之仪式

祭神杆须在祭祖次日早八时行之。所谓"神杆者"，乃满人祖先当初采取山参所用之木杆也。子孙为纪念先人遗物，故均于院内影壁中间，树立木杆一棵，称曰"神杆"，俗称"梭罗杆子"。杆上半端，围以锡制方斗俗称"斗子"，备祭时献牲之用。牲亦用猪。祭日，将祖像非祭祖供奉之像，乃平时另于别室悬挂并用铜匣装置者挂杆端，更悬白纸一方。杆旁设供桌，燃香烛后即宰猪，先献血献肉取猪周身肉各少许，送入杆上斗中。其肉祭毕，不得再取下，任天空乌鸦衔食之，用意何在，莫如其详，次摆件行礼。礼毕，便约集家族聚食。食已，乃散。

（三）祭神树之仪式

祭神杆之次日，主祭者更率同族人等，携带祭品及祭猪一口，至野外神树祖先早年手植之树，或昔年祖遗森林处，于树前举行祭礼。如无祖遗树株，即临时选一树干，埋于郊外。设供案，燃香烛，并摆件。领牲毕，然后将猪宰杀。先滴血酒内，洒树前，再将猪带毛剥皮，以火烤之。其皮及零星肉件烤熟，供神后，便由族人在神前分食。残余者，尽弃树旁，不得携回家中，以示尽为神所享用也。近来生活艰难，此礼亦多废除。

（丙）汉族

本县当初纯为驻防旗丁。嗣以地广人稀，而旗丁又不事生产，衣食均仰自外来。又兼国家承平日久，限制旗民婚产之制度渐弛，于是山东、河北、山西各地之汉人接踵而至。除开垦外，间有经商并其他职业者。其习俗概多迷信神佛。兹择其现行者分列于下。

146

（一）禁忌语

阴历岁除之夕，俗谓诸神下降人间，观察善恶之期，因此家人互相禁言"不吉利"之语。如言语不慎，为神所闻，则来年定发生不祥事件。为趋吉避凶计，无论老少妇孺，是夜莫不肃然起敬，冀邀神佑。

（二）禁弃污水及尘芥

阴历正月五日，俗称"破五"，谓是日做事，易招破败，尤忌伤财。因之凡屋内所有污水及尘芥，均相戒抛弃室外，盖恐金钱财物流于外方也。

（三）忌针

阴历正月，妇女均不准做针线活，谓恐伤值日神之目，名曰"忌针"。尤以二十三至二十五日三日为尤忌讳，并有"三寡四寡五绝户"之歌谣云。

（四）祭山

本县天岗村居民，因附近天岗山俗称老虎砬子，多崇信山神老虎，每年正月十六日为山神诞日。是日，居民有杀猪者，有赴市购备酒肉者，各于正午，往山中焚香上供。家家休息一日，并备盛筵，欢呼畅饮，名曰过"山神节"。

（五）喊市

本县岔路河，当农忙时，必须招雇零工俗称工夫做活，按日给以工资。但日给工资价格，须经一人规定，俗称此人曰"喊市者"。每于各季农忙之期，喊市者先于通衢要路、人目易见之处，张贴红纸条，上书"工夫逐日行单"。附近居民即以此为标准而招雇工人。至秋成后，喊市者便向各农家齐粮，以度生活。

（六）斗子

本县岔路河村，村民赴市场买卖粮米，于双方讲定价格后，须约请"斗子"为之过数。所谓"斗子"者，即专操量器，为人量米谷者也。每量米谷一下，不论器之大小，卖主须按数给费，以为酬劳焉。

风俗

每年旧历正月十五日，乡间有"涂面节"，不分男女老幼，手藏锅底黑灰，于见面之时，乘其不备，遽以灰抹其脸，或用色彩涂面，谓此可以除却灾邪云。

蛟 河 县

跳神

跳神，犹之乎祀祖先也，率女子为之。头戴如兜鍪，腰系裙，累累带诸铜铁铃，摇曳有声，喃喃击鼓，嘈嘈以纸竿。案上供胡、黄大仙，虔敬烧香，供以馒首酒菜果品，是曰"跳神"。三日回香。跳神分三种：一看香，二破关，三挈杆子。

山神祭 即山神生日

本县人民信奉山神极笃，尤以洞狗子为最甚即久在深山以狩猎为业者。每年于三月十六日，城乡农民备办酒馔及香蜡果供馒首等，亲诣山神庙，行三跪九叩祭礼。是日，农民均休业一日，以资纪念。

敦 化 县

（甲）婚姻

本县昔日婚姻，多重父母之命，媒妁之言。近因文化风俗改进，亦间采取自由制度矣。

（乙）丧葬

已往多重扩大殡葬，名闻之家，如遇丧事，不负债，亦须破产。近来风俗人情改变，丧礼多趋于简单矣。

（丙）山神爷节

相传昔年，有袁名达者，于清代曾皇封为山神爷，俗谓之"老把头"。后有入山打猎及采取人参者，莫不求山神爷保佑。有时迷失方向，或有祸临身，则默祷老把头庇祐，顷刻似有人指示，立即明白如初，或可逢凶化吉。其诞生日为古历三月十六日，故各村屯均设有山神庙。一般乡民每逢此日杀猪宰羊，以为祭祀。今习惯成俗，均过此节矣。

磐　石　县

许香还愿

许香还愿，俗言"答祖宗"，多系金、复、海、盖之户，俗称"南城人"。每逢男女有病，或换新宗幅时，即十有八九许香数日，杀猪设筵，叩请伊之祖先，以表孝敬，而了心愿。

伊　通　县

本县风俗习惯及迷信等事，与其他各地大致略同，特殊者实不多见，惟迷信方面，较为更甚。如一般愚民多信跳神，虽病将死，而不延医疗治，犹日夜请大神禳救，其愚甚矣。至童养媳之风，尚未革除也。

九　台　县

三台村　驱夜星

三台村境内住民，每当小孩于夜间啼哭而不眠者，俗谓之"招夜星"。恒于通行路旁树上，贴"驱夜星"之纸条，写有"天荒荒，地荒荒，我家有个吵夜郎，行路君子念三遍，一觉睡到大天亮"等字。此等习俗，为之者颇多。

三台村　破关

本村住民，家境富有者，恐其子女夭亡，恒招巫者至家，叩以长生之术。巫者则谓其犯某关，易夭亡，必须破关，而后始得长生。于是由主人出相当之钱款，购买应用物品，然后由巫者鸣鼓跳舞，口念（里）〔俚〕俗之言。此等妄举，俗谓之"破关"。

龙棚屯　祭祖

本乡居民多为满族，其特殊风俗习惯即为祭祀。仿清朝始祖祭长白山之例，当祭祀之日，备肥猪一口，用柳木杆子^{俗称还愿杆子}削为锥形，刺猪嗓喉。想像当年在荒山旷野中，既无尖刀，又无房屋，如此久沿成习矣。肉煮熟时，本族互相争食。当烧香时^{祭祖}，刻木略如人形^{呼为祖宗}，置西间案上，供以香烛纸马等，即为祭祖云。

缠足

此地住民，多系汉族，率多以农耕为业。民风朴实，性情直率。妇女则多缠足三十岁以上。近年以来，已渐全部解放为天足矣。

祭祖

人民于崇拜祖先之观念，颇为深切。于旧历年时，必丰设祭品，以祀祖先。且有阖家高呼奉迎者，意其祖先可回家享受，且赐之以福也。

波泥河子　妇女劳作

本地女子与男子同样操作。在夏季农忙之时，亦每日早起晚归，于田中劳作。虽身现疲倦，亦未尝稍懈。并且多数女子替男子赶集，男子在家休息。

乾沟子　缠足

本屯多为汉人，风俗甚为古朴。缠足一事，家家妇女率多行之，成为习惯，牢不可破矣。

上河湾村　巫医

本村住民无论男女老幼，每逢有病时，多不延医诊治，专依巫医，请神弄鬼。虽系民智不开，亦本村之恶习也。

加工河村　咬指

乡村无知之人，初生子女，冀其长生，多咬断手脚一指，以为身体稍缺，即可不夭折矣。

舍岭村　烧香祭祖

舍岭村西尤屯附近一带居民，多属镶黄、镶蓝两旗。常因小儿染病，或烧太平香，以祈祷家中平安，向祖宗及神前许愿，于某日某时祭祖烧香。举办之前，先须预备猪酒果供，用车请巫者来。通称之曰"单鼓子"，亦曰"萨玛"。凡许此愿者，事前向神言明，届时请巫者数人，但至多不过八人，（只）〔至〕少亦须六人。第一日，杀猪宰羊，招待来宾。晚间于院内摆长案、神位供设祖宗。巫者一人手持皮鼓，一面击敲，一面念神歌，余者乱击皮鼓，作响声以助之。众巫列于神前念歌毕，将神案请于家堂之上。次日即中间一日，俗称为正日子，除亲友赠送礼仪，主人设宴招待外，晚间更为热闹。天将暮时，院内屋中，悬灯结彩，明亮如昼。巫者各穿神衣，戴神帽，腰系铁串铃，击鼓鸣锣，以请神主，名曰"请大位"。待神来时，巫者乱跳乱叫，自报神名，用针刺两腮，以显其神灵之威。些许退神，再请金花火神、牛神、马神、虎神、狼神、豹神，继续再请其他各神，直至天亮而后已狼神来时为狼叫，虎神来时为虎叫。第三日白昼，照常招待远近宾客。晚间同样燃烛明灯，巫者共同击鼓，请神送鬼。事前先备六七人为鬼，届时扮鬼者，穿鬼衣、戴鬼脸，形若真鬼，在屋中乱跳乱闹，由巫者以鼓棒击之出，直至半夜而后已。总之，此举如婚丧之重，至少须一耗至数百金。但行之者并不以为异，亦怪事也。

长 春 县

三岗村　跳大神

三道岗屯附近居民，偶有疾病者，则必请神看香，俗名"跳大神"。病家于病者室内，排案焚香，化纸祈祷。至于大神，则男女不一，必持鞭击鼓，立香案前，喃喃高唱不已，名为"请神"。良久昏然而仆，家人则以为神至矣。少焉即起，谓神已附其体。继则时立时坐，似舞非舞，击鼓高唱，似歌非歌。叩其神，非胡即黄胡则为狐，黄则为鼬。问其名，多与旧小说之人名相同如胡不显、黄三太等名。家人则肃然起敬，无敢稍息，谓偶有不敬，必遭神谴也。

扶 余 县

回　　族

本县回族人之生计，不事农耕，非务工艺即业商，男子无论老幼，各有所业，以糊其口。即现在肄业学校之学生，偶值寒暑假期，立即携筐提篮，中贮饼饵瓜果等，沿街唤卖者多有。所谓人人自食其力者。

跳墙

本县一般满、汉、蒙尚未开化之民众，多信巫觋。小儿患病，即请巫祈神，竟有许为某庙之和尚或罗圈姑者。俟经相当期间，率前患病之儿童赴庙焚化替身纸人制作方算了愿。至于时期之远近，与替身之大小，均听巫者口述指示。当焚化替身之后，则诣神前，旁置一木凳，由庙内僧人击其背，小儿则越凳而出，不须回顾，是谓"跳墙"。意在逃出，而不暇回顾也。

重九

一、每于旧历九月九日，妙龄女子三五成群，相携外出，呼姑唤姨，群集登高，颇饶兴趣。

二、每年重九之日，一般巫婆卜士，以及看香撒玛之徒，齐聚于一处某庙化装表演。鬼神相斗，红旗招展，锣鼓喧天。更大开筵宴，以尽所欢。所有信徒，愚夫愚妇，焚香化纸，祈神赐福，并赠以衣裙，可谓迷信极矣。

孀妇再醮

孀妇再醮时，不准走大门，须从墙过，否则便为不祥。

还愿

汉满各民族，家庭遇有灾害或疾病危笃时，则跪祷于神前，明誓许愿。及得免于灾难或病愈时，则择吉日，杀猪宰羊，大宴亲友，俗称"还愿"。

拉马

本县民众未受教育者，率多迷信。生儿体弱者，即有"拉马"许愿之举。拉马云者，即每年旧历五月十三日，由关帝庙僧徒特备马匹，由庙出发，沿路游行。许愿之家，怀抱弱儿，以红绳系马颈牵之，随神驾游行，谓如此可以长寿云云。

伯都村属　土木喀勒屯　蒙民之遗风

土木喀勒屯之蒙民，每值暇时，即乘马率犬，驰骋郊野，猎取狼狐之属，往往昼夜弗归。虽十余龄小儿，亦常如是。该地蒙族，颇存先代之遗风焉。

乾　安　县

跳大神

各屯住民，因开辟最晚，知识其低，故迷信颇深。一切生死、吉凶、祸福，均委之于鬼神。每有疾病，请大神跳神，焚香击单面鼓，口中念念有词，何如教主、报马。逾时，鼓紧击，唱声愈高，谓神至矣。满屋乱跳，自报神名，吸旱烟，饮烧酒，以诊治病者。或杀猪许愿，代为祝告，或谓祖宗须演戏云云答祖宗。

侍演戏

侍演戏，一名答祖宗_{跳当当鼓}。凡有此举者，系因病所许，用以免灾。于拟定日之下午，杀猪，请戚友，将祖宗悬起，焚香燃烛，请当当鼓四五名。当当鼓以神像一帧，悬于祖宗左方。图系一古装骑马者，其手持纸者，名曰九郎神。当当鼓云："彼为唐太宗之第九子。乘者为白龙马，为玄奘赴西天印度取经之白马。此神善能请鬼神，或驱除之。"于演戏日没之际，当当鼓三人，手持单面鼓，于祖宗前击鼓，口念所传一切神名。然后于院中焚火，当当鼓在院中念神名，谓"请天神"。念毕，当当鼓由院中还屋内，念冥中一切关险鬼（域）〔蜮〕名称，谓"请鬼魂"。天将明时，当当鼓一人坐凳上。头戴布制盔形，曰神帽；腰系布裙及铁铃，曰战裙，请九郎神。神至时，与跳大神无异，于屋中乱跳，谓之"送鬼神"。事毕休息。至于当当鼓之用费，为六七元左右焉。

德　惠　县

闹洞房

于婚礼迎娶正日之夕，食长寿面后，新妇之小叔小姑或妯娌等，对新人可出诙谐之语，以戏弄之，冀惹起哄堂大笑，以助兴趣。至夜阑时，小姑或妯娌为之铺放被褥，两相搭及，然后令新郎新妇入洞房而散。

睡头

睡头为满洲人之通习。小儿产后，以青蓝布裹而缠之，使手足不能转动，枕以硬枕，令其仰卧，以平其后脑，以为美观。须俟骨骼坚固后，始令其自由仰卧（去）〔云〕。

舒　兰　县

迷信鬼神

查本县各乡村之风习，与他处大同小异，无甚差别。乡村住民，大抵因知识薄弱，多迷信鬼神，而信巫者尤重。患病者，常信跳神、画符、占卦，或为小孩换替身，做出种种可笑之迷信举动。本县曾经多方宣传，使之改善，现在此风稍息矣。

榆 树 县

秀水甸子　女子赶集

秀水甸子之土著人民，因与满洲人同化关系，故一般女子皆为天足。无论贫富，家中凡井臼中馈之劳，皆委诸女子为之。至于市上买卖零星物品，亦女子为之。故斯地有女子赶集之风焉。

秀水甸子　庙会

秀水甸子街东释迦佛庙，曰保安寺，其庙会为旧历四月十八日。街西关帝庙，曰玉清宫，其庙会为旧历四月二十八日。两庙为斯处人民崇信最深之佛地。每当庙会日，附近之进香者，莫不人山人海，极盛一时。即平日消灾祈福之举，亦大有人在也。

男女定婚

当男女定婚时，先由媒人将女方之生辰八字 俗称婚姻帖 写来，由男方请先生，按两造生辰八字合婚。如能相合，即焚香膜拜，将婚姻帖供压于灶君板上。三日后，如家中平安无事，方能议论彩礼订婚。家中稍有舛错发生，即认该女为不祥，绝无成婚之望矣。

前 郭 旗

查本旗风俗习惯，大体与汉人相差无几。仅就所不同者，如嫁婚迎娶其他打猎等经过，略记如下：

（甲）婚姻行事

蒙古之结婚，新妇三朝后，由婆母或女长辈，即告以应忌讳之言语，及祖先长辈之名字，须谨记不忘，以其他言语代之。再由女长辈偕同新妇往各亲族家中拜见亲属长辈，则介绍其为吾家人之意。继由长辈随时指导度日之炊食，及化牛乳、烹作干粮，以备野外工作之用。习惯上，以男尊女卑为宗旨。女人衣服鞋袜不准由男人头上经过，须谨避之，久而成俗矣。

（乙）衣服

吾蒙古民族惯穿长大衣服，系腰带。遇有喜庆等事则穿马褂，如穿短衣，似较不敬。衣蓝灰色者多，黑色者少。

（丙）迷信

蒙古家庭均供奉神佛、念经。惟念经有太平经，祈求平安无事；有因病而念经，为祈求免灾除病。现在一般智者已改除矣。

（丁）敖包会之经过

蒙民于每年之五月十三日，举行敖包大会。该时民众咸集于敖包会场，杀牛宰羊，烹其肉，而供于敖包之前。及时，请喇嘛诵读经文，舞动鼓乐，二三时乃止。其后即赛马、赛"布魁"。马以四五十匹，"布魁"以三四十人不等。马由十五满里之遥，纵马奔回，向敖包会场，先到者前四名奖赏之。"布魁"以二人为一组，争赛优胜者，亦奖励之。比赛会终了，乃将猪羊等肉切成小块，集会人皆食之。此后遂全体呼唱太平歌词，即闭会矣。

（戊）跳塔

每岁旧历六月十四日，喇嘛庙皆有跳塔之举。届时观者如云，车马载道，联袂接踵，挥汗如雨，盛状万分。乡妇村姑，捧香祈祷。又有喇嘛戴假面具，形色古怪奇离，并著各种颜色光辉之服装，互相舞蹈。终了后，不论观众之多寡，均于庙中饮食。飨罢，乃返。

（己）结婚财礼之意义

所谓财礼者，即牛、马、布帛、金钱等是也。审其意，马为酬父之恩，牛为谢母之意。并以为女儿于归，即为异姓之人，父母尊前不能尽孝，而以此为纪念之物，并可代伊尽孝，如效犬马之劳。相沿既久，乃成定例矣。

（庚）结发

蒙古之结发式，现已将为过渡时期，或者已有仿日本文化分发或背发者。但尚有超时尚型、古典发者等种种，甚为繁杂。而较一致者，为妇女之结发。未结婚姑娘，其发缠于头右部顶上，结扎发辫。结婚后之妇女，以布复于发上，为普通者也。

（辛）打猎

蒙古自古有善骑射之名，盖猎为发挥蒙古人勇猛尚武之超等习惯，故于每年春秋之三、六、九日，遂励行之。预先函约邻里亲友，指定相当之场所。

届时咸集，皆率快马细狗，同游于山野间。每逢野兽，即纵马驱狗，尾追其后，誓必捕获而后已，否则始终不懈。每当旧历五月五日，特行打猎会，事先指定聚合之所在地。该日午前，齐集会场，每户一人一骑，并细狗数条，同赴山野，捕杀野兽。此乃蒙古重大之举也。

（壬）迷信之特点

每有尊佛或去何地放经时，预先通知各地民众之准确期日。此后，民众等齐备车马同来拜贺，虽数百里之遥，皆来叩拜。并有信仰较深者，徒步前往，每步一叩首，衷心祈祷，目不斜视，耳不听杂音，其诚心诚意，非常人之所能。此种特点，与普通者不一也。

七、地方民族变迁之原因

蛟 河 县

一、汉族之自由移入

本县民族，土著人民綦少。所居人民，多系来自河北、山东各省而移居斯土者。

二、国家命令之移动

本县地势平坦，土质肥沃。自满清始祖招集满洲民族来兹屯垦，以至现在。如额穆索、黑石屯、官地、通沟、塔拉站、清沟子、退抟站、新站、北大屯、乌林屯、蛟河镇、新街、杉松镇、八家子等处，大多数尚有当时之遗族也。

敦 化 县

人民自由移入

据地方乡老所云：敦化地方汉族为最多，满族人不过百分之一二。在五十年前，人烟稀少，森林稠密，当时仅有少数汉人由山东及关内各处自由移入。居山中，以打猎、采人参及蘑菇等为正业，以开垦农田为副业，类似游牧生活。嗣于光绪十二年，经官方出放荒田，渐而前来领荒者陆续增多，散居于各山水临近之处，于是始以开垦为正业。继因京图铁路之开通，则民族更加增多矣。

磐 石 县

各地之民族,汉族居多,满族极少。至"满洲国"成立后,依门户开放之主义,日鲜民族,接踵自由移入。生聚日繁,结成村屯部落,共同努力于产业开发,大有蒸蒸日上之势。将来地方之繁荣,正可期待也。

伊 通 县

本县各地民族之变迁,起因如下:

一、汉族之自由移入

本县汉族,有自清康熙末年,历乾隆各朝代,由直、鲁、豫各省陆续至各处,自行占荒垦地。初,县东伊丹乡、营城子、乐山镇及县西之靠山镇、二十家子、半拉山门、火石岭子一带住房,仅三四家,继则呼亲唤友,而成聚落,俗谓之"开荒斩草"。并称其首先移居者曰"占山户"。此系汉族聚落构成之滥觞也。

二、满族之移入

本县满族之移入,由于驻防。始于清雍正六年,以吉林佐领、骁骑校及开原防御、骁骑校四人,甲兵二百人,移驻伊通河。设二旗公署,由镶黄、正黄二旗各佐领管理二旗各户。是为伊通有满族之始也。

三、驿站

本县自清康熙二十年,始设有伊巴丹、大孤山、赫尔苏、叶赫镇、莲花街等五驿站。每站设置驿丞一员,排头四名,站丁若干名每站地有三四百垧,专为传递官文。其站丁等系由关内各省招来者,其家人垦地,不纳租赋。于是构成(木)[本]县重要之镇市矣。

四、边台

本县自康熙二十年,设置伊通河、赫尔苏、布尔图库三边门,此外有边台八处。每一边台设领催或防御,下有排头及台丁若干名,专司二、八月挖边之事。其台丁等亦由关内各省招来之汉人充之,其家人种地,亦不纳赋税。

五、回族之移入

本县回族，多在乾隆年间，随同汉族自直、鲁各省陆续来至界内，在伊丹乡、东羊草沟、大孤山、西城子及杨树河子等处聚成屯落焉。

双 阳 县

清道光年间，尚为荒野，并无居民。以后汉族渐来居此，斯时即为开荒斩草者。民国年间，因近肚带河及其他流泉，适于稻田耕种，渐有鲜民移入。近来稻田开拓愈多，而鲜民亦日增多矣。

长岭村

本村各族大多数为汉族。其变迁原因，所谓开荒斩草而来者即拨民。据当地土著云：本村民族，系满清入关后，于乾隆六年间，勒令拨山东半岛人民，从事开垦而迁入者，迄今已二百余年矣。以前纯为汉族，由关内之昌、滦、乐各县而移入者居多。后以生齿日繁，变迁亦易。现为满汉杂居之村落矣。

九 台 县

一、汉族之自由移入

于清初时，首先不许汉满杂居。后至末叶，渐次始有汉民移入。本地汉民族，十之八九均系由关内各省自由移入者。其始不过一二人或一二户，继则呼亲唤友，而成聚落，俗谓之"开荒斩草"，并称其首先移居者曰"座山户"。故其经过，均属可考。

二、随龙

查本县之满族，当清初时，系随龙过来而成部落者，谓之"开荒斩草"，首先移居者曰"座山户"。

三、国家命令之移动

本县有五官地，为清吴三桂后裔，曾拨于此地为农。每人国家给牛一头，地十五垧，年纳租额一石五斗。以后渐次人多，向此移动，俗谓之"拨民"。

饮马河村

本地居民纯为汉族。据老者云：为乾隆二年八月间，有汉族张姓者，自由移居来此。后则招亲呼友，聚成村落，俗谓开荒斩草之"座山户"。故迄今该屯张姓者，仍居多数云。

汉族

俱系由关内及奉天、热河等处自由移来者，约在百年以前。最多为农人，居十之九焉。

鲜族

饮马河沿岸，利于水田，鲜人善营之。于民国十年前后，即有来此经营者，其后渐次增多。迨事变以来，移居本村者年有增加，除散居河沿各处外，在饮马河村南部榆树林子村自成部落约数百人。

二道咀子附近居民，均系汉族自由移入者，于清中季乾嘉时代，由关内山东移来王、张二姓，为开荒斩草之"座山户"。后数十年，呼朋唤友，遂成村落。

长 春 县

双城堡　双城村

查本地民族，于辽金时代，多系蒙古人居此。后至清时，而汉人逐渐移居于此。彼时文化不开，民多蛮横。后居民日增，文化亦日进矣。

扶 余 县

一、开垦之招来

汉族

伯都纳在明季为锡伯公尔所据。自康熙二十一年，设立副都统后，除驻防旗人外，地均在封禁之列。汉族之肇端于清康雍之世，潜滋于乾嘉之朝。至许其有土地权，则始于道光年间，由将军富俊奏称：伯都讷空闲围场，既无林木，又无牲畜，可垦屯廿余万垧按此指令，石城镇及榆树西县界一带而言，即所谓号荒也。若任其荒废，实属可惜，可招垦以移闲散六千户满族人。以此闲散人等，多为额缺所限，不获挑食名粮，以赡身家。出榆关而来吉林，有田有宅，有井有牛，具存籽种，有路费，有安家费_{当时拟皆以大租项下拨给}，种种优待宣其趋之若水之流下。惜如此之肥壤，愿移者尚寥寥，不甚踊跃。然汉族则得假此谋广厥居，只以升科完租，得永业以长子孙。且自此而八里荒_{道光十九年查出升科}，而藕梨厂_{咸丰十年奏开}，而隆科城_{同治五年奏开}，而珠尔山_{同治六年奏开}，而北下坎_{扶余二区地带}，〔13〕先俱私垦。至光绪十四年，勘名升科，亦俱陆续开放，汉族乃趋此若归市。查此间汉族，原鲁籍为多，燕籍次之，晋籍又次之，余则只少数。_{鲁籍占十分之六，燕籍占十分之二·五，晋籍占十分之一·五。}

二、驻防

1．满族

本县之有满族，自康熙五十二年，就吉林余丁，编成满洲兵四百名，驻防伯都讷，此为其始也。嗣后，来自宁古塔、黑龙江、北京者亦多。大抵以厥先官于斯土，子孙遂占籍焉。此外，间有原土著迁余之瓜尔察（民）〔氏〕族，及自京来之佛蒙古同化其间。

2．蒙族

考省志载：于康熙三十二年，于伯都讷、锡伯佐领、骁骑校各二十一员，锡伯兵一千四百名驻防。嗣三十八年，即悉数移之奉天。至四十年，乃增设蒙古佐领、骁骑校二员，蒙古兵八十八名，驻防此间。又载：伯都讷系清初锡伯所居地。锡伯，蒙古别族，或称有蒙古台吉隆颜岔一户住此地。今伯都讷蒙古佐领，即其遗族也。故知本县蒙族移来，自康熙四十年始。

三、自由之移入

回族

本县之回族，来自鲁省者为多。其初至斯土也，肇于清乾隆之元年。至十二年，经回民于万庆、马文成等之手，醵资创建其所谓教会之清真寺。迄今该族之城居实繁。后遂有移民于五家站、三岔河各镇焉。

四、驿站

本县五家站、社里站、伯都讷、浩邑站_{新站}、陶赖站等处，昔日传递文报，设驿站。最初汉族自关内移来，落户于此，遂相聚而成镇中之主要民族。

五、国家命令之移动

满清定鼎后，曾拨在京旗族，充实边塞。本县伯都讷旗民_{满族}，系由双城堡移来，自成村落。

乾 安 县

乾安县放荒后，各井子成立，早晚不一。至于体字井以前，虽亦成立，惟因事变，胡匪扰乱，居民皆逃散至他处。于"康德三年"春，复招徕住户，开垦耕种。故体字井之住户，现已达九千余家。

舒 兰 县

查本县二区舒兰站、法特门、皇鱼圈、头台等处，多系于满清定鼎后，被拨在京之旗族。余则均为汉族，自由移入，渐成村落。

德 惠 县

本县居民概为汉族。（驿）〔饮〕马河东部，多由山东、河北、山西等省移入者。饮马河西部，则多系于奉天盛京以西及热河等处移入者。此地从前归蒙古直辖。嗣经招户开垦，约距今百年前即清道光年间，放荒令下，即有以上各地之汉族源源而来，开垦耕种，从事农桑。至今居民仍以汉族为主，务农为业。近年来，居民因感生计之困难，移居江省者，每岁不下数十户。其他民族，若回族则居各市镇内。满族虽有，已与汉族同化莫辨矣。

榆 树 县

秀水甸子

秀水原无人烟，至康熙年间，始有私垦之汉人来此。至乾隆六年，居民渐集。迨清俄多事，因设驿站，用站丁以利邮传，该汉民乃脱籍充站丁，名曰"站人"。亦有脱籍随旗者，曰"旗人"。柳条边外初有人烟，由南而北。至榆邑初有汉人，秀水先有居民，而后渐及于北。

夏宝屯

本县地方，原属于辽金。至明代永乐年间，设卫统治，由宁安拨民于此，从事开垦。一般垦户，招戚集友，来此耕作，次第增多，遂渐成为今况矣。

郭 前 旗

查本旗民族之由来，相传先有高姓者，原居此地。后由乌梁海地方迁来包、吴二姓民族，吴姓者为乌梁海族，包姓者为成吉思汗后裔。次后由黑龙江北部移入韩姓民族，为哈呼拉族。此后民族之变迁，约如下记。

一、亲属之牵挈

从上记者之后，有随公主陪嫁而来之民族，为关、王、董、孙等姓。其他诸户，因亲戚之牵挈，相继而来。

二、捕鱼之移入

本旗沿江一带，为捕鱼而来往者甚多。又在本旗内之西北屯民族，原系专供清朝皇室捕黄鱼，在松花江岸而居者。原仅数十户，今则成百余户大村落矣。松花江中，并有黄鱼圈等名词。

三、伴随陵墓之移动

如本旗库里屯之原住人民，系奉敕令伴随陵墓而移住者。虽仅数户，而渐聚多乃成一大村落矣。

四、汉族之自由移入

上述以后，由关内自由移入，及山东等地之人民，大多数为佣工，或营商种地以谋生活者。最近事变后，国家首倡农业，又间治安确立，民力更生，因之无人耕种之旷野，由蒙民之自由招入汉民佃户不鲜矣。

校　记

〔1〕原作"义意"。系倒。

〔2〕原作"匐匍"。系倒。

〔3〕原作"憬憧"。系倒。

〔4〕原文"又为靠厂河"作标题行文。当误。

〔5〕原文"成吉思汗太元三十四年",遍查史籍无此记载。当误。

〔6〕原作"督都"。系倒。

〔7〕原文"四匪人"之"四",疑有误。

〔8〕原作"憬憧"。系倒。

〔9〕原作"敕",当为"勒"。今改。

〔10〕"要"字下,疑脱"紧"字。

〔11〕原作"爹撵爹出",今改。

〔12〕"跳"字下,脱一"跳"字。

〔13〕原作"扶二余区",今改。

图书在版编目（CIP）数据

吉林乡土志 / 陈见微点校. -- 长春：吉林文史出版社, 2020.11
（长白文库）
ISBN 978-7-5472-7381-4

Ⅰ.①吉… Ⅱ.①陈… Ⅲ.①吉林—地方志 Ⅳ.①K293.4

中国版本图书馆CIP数据核字(2020)第216415号

吉林乡土志
JILIN XIANGTUZHI

出 品 人：张强
点　　校：陈见微
丛书主编：郑毅
本版校注：赵太和
责任编辑：程明 高丹丹
装帧设计：尤蕾
出版发行：吉林文史出版社有限责任公司
电　　话：0431-81629369
地　　址：长春市福祉大路出版集团A座
邮　　编：130117
网　　址：www.jlws.com.cn
印　　刷：吉林省优视印务有限公司
开　　本：170mm×240mm　1/16
印　　张：11.25
字　　数：200千字
版　　次：2020年11月第1版 2020年11月第1次印刷
书　　号：ISBN 978-7-5472-7381-4
定　　价：108.00元